L'AURA

VISUALISATION ET INTERPRÉTATION

L'AURA

VISUALISATION ET INTERPRÉTATION

SARAH BARTLETT

Guy Trédaniel Éditeur
65, rue Claude-Bernard
75005 Paris

Titre original:
Auras et how to read them

Traduit de l'anglais par Antonia Leibovici

Design The Bridgewater Book Company
Couverture Alison Lee/The Bridgewater Book Company

ISBN 2-84445-187-X

http://www.tredaniel-courrier.com

SOMMAIRE

INTRODUCTION

Enfant, j'ai vécu en Extrême-Orient. En ces lieux, on n'a jamais douté de l'existence d'une aura émanant de tous les objets naturels. Les individus particulièrement doués – ceux capables de voir les couleurs du champ énergétique émis par tout ce qui les entoure, des êtres vivants aux pierres – passaient pour des guérisseurs. Ma nourrice, Lim Oo, était une telle femme.

Bien que Lim Oo parlât très mal l'anglais, nous nous débrouillons pour communiquer et j'avais découvert qu'elle pouvait voir mon aura. Elle la "lisait" tous les jours et me disait quelles en étaient les couleurs ; parfois, elle me demandait si je me sentais bien, heureuse, ou triste. Elle hochait toujours la tête d'un air averti, me montrant en souriant ses dents couronnées d'or, comme pour confirmer ses propres sensations ou perceptions. Une fois, par exemple, quand j'étais très malade, souffrant d'une fièvre paludéenne, elle m'a dit que mon aura montrait de nombreuses zones grises. Quand je me suis remise, elle m'a dit que mon aura avait retrouvé ses vives couleurs orange, rouge et bleu vert – couleurs qui indiquent la vitalité, la passion et la créativité, trouvées d'ordinaire dans les auras des jeunes gens et des enfants.

Comme je ne voyais aucune couleur autour des gens et des objets, je me suis évertuée à les apercevoir, certaine que si Lam le pouvait, moi aussi j'y arriverais. Toutefois, plus j'ai persisté, plus j'ai été déçue, persuadée – comme tant de gens – que je n'allais jamais être capable de distinguer les auras. Ce ne fut que lorsque j'ai abandonné la détermination de les voir, lorsque j'ai littéralement "lâché prise", que j'ai commencé à les percevoir à ma façon. J'ai appris à utiliser un autre sens plus subtil – le sixième sens, l'intuition.

J'ai commencé à ressentir les vibrations de l'aura d'une personne dès que celle-ci entrait dans une pièce. Avec le temps, j'ai progressivement relié cette perception plus vive de sa présence aux vibrations des couleurs de son aura. J'ai alors compris que ce n'était pas tant l'aptitude physique de voir les couleurs de l'aura qui importait, que la capacité de percevoir ses vibrations d'autres manières subtiles. J'ai aussi pris conscience de l'utilité de l'interprétation de ce dont on a l'intuition, de ce qu'on ressent, voit, entend, hume ou touche et de la façon d'utiliser ce savoir pour aider ses semblables. Car les auras reflètent l'état de votre être – forces rayonnantes de votre champ énergétique, elles révèlent non seulement votre personnalité, mais aussi votre état physique et votre bien-être émotionnel.

La plupart des Occidentaux ne savent pas ce qu'est une aura et pensent généralement qu'il s'agit juste d'un nuage coloré ou d'un arc-en-ciel entourant le corps. Depuis la nuit des temps, l'aura a été représentée soit par une auréole, soit par une gamme de lumières colorées entourant la tête. L'art contemporain fait de même. Actuellement, la majorité des gens est persuadée que seuls les médiums et les voyants extra-lucides peuvent voir les auras. En vérité, vous n'avez pas à "voir" physiquement l'aura avec vos yeux. Vous pouvez la percevoir ou en être conscient – qu'il s'agisse de la vôtre ou de celle d'une autre personne – en utilisant vos autres sens, l'ouïe, le toucher, l'odorat et l'intuition.

Ce livre s'adresse à toutes les personnes qui désirent se connaître davantage et mieux appréhender leurs relations avec les autres. La lecture des auras est analogue à l'interprétation de votre état d'esprit et de votre état physique actuels. Être à même d'interpréter le champ énergétique de l'aura d'autrui signifie être capable de mieux comprendre cette personne, de découvrir ce qui la fait fonctionner. Autrement dit, vous pourrez vous relier aux autres avec plus de compassion et de tolérance. La connaissance de l'état actuel de votre aura, de votre énergie vitale, vous offre la possibilité d'examiner votre mode de vie, votre carrière professionnelle, votre santé et vos relations et de tâcher de les améliorer ou d'effectuer des changements, d'y intégrer peut-être certaines qualités et aspects manquants.

UTILISER CE LIVRE

Les cultures occidentales ont considéré pendant longtemps les auras mystérieuses, spirituelles et même, pour les sceptiques, des créations de l'imagination. Ce livre passe en revue certaines de ces représentations de l'aura, depuis les mythes et les légendes jusqu'aux pratiques curatives anciennes et aux preuves scientifiques qui corroborent son existence. La recherche scientifique moderne montre que le corps humain, ainsi que toutes les choses vivantes et certains objets inanimés, émettent des champs d'énergie électromagnétique. Grâce au développement des techniques d'imagerie aurique, on peut maintenant les enregistrer et il est possible de voir l'aura humaine de ses propres yeux.

Grâce à une série de techniques pratiques et d'exercices expliqués au chapitre 2, ce livre montre comment développer votre vision, votre ouïe, votre toucher, votre odorat et votre intuition pour arriver à lire l'aura – la vôtre ou celle d'un ami. Il vous faut seulement découvrir votre façon préférée de percevoir l'aura et comment interpréter ce que vous ressentez. L'Immersion aurique, par exemple, montre comment pratiquer les techniques de développement des sens pendant vos heures de bureau. Aucune de ces méthodes n'exige de talents particuliers. Vous ne devez pas non plus devenir médium pour "voir" l'aura.

Le chapitre 3 étudie une vingtaine des couleurs les plus susceptibles d'apparaître dans l'aura, et énumère les traits positifs et négatifs qui leur sont associés, ainsi que les combinaisons de couleurs les plus fréquentes. Le chapitre s'achève par des exemples d'interprétation des auras à l'aide des informations perçues sur les couleurs. La galerie des auras est constituée d'une série de portraits pris avec une caméra d'imagerie aurique, chacun accompagné d'une analyse expliquant ce qu'indiquent les diverses couleurs. Allez aux pages du verdict pour vérifier l'exactitude des interprétations. L'auteur a travaillé à partir des photographies des auras et des instantanés des personnes concernées – elle n'a pas disposé d'informations complémentaires telles que l'âge ou l'occupation du sujet.

Le lien entre les couleurs de l'aura et les autres sens est traité au chapitre 4, qui explique comment trouver une couleur aurique en utilisant des mots clés pour l'ouïe, le toucher, l'odorat et l'intuition. Quand vous avez découvert votre couleur aurique actuelle, vous pouvez passer aux pages qui résument votre situation présente – mode de vie, sentiments, pensées, travail et santé – ainsi que les moyens d'améliorer et de développer certaines qualités dans votre vie.

Le chapitre 5 concerne les auras et les relations, et suggère que les personnes avec lesquelles vous entretenez des rapports amoureux peuvent être inconsciemment influencées par vos couleurs auriques – et les leurs. Pour déterminer si votre partenaire actuel est l'amour de votre vie ou seulement un interlude passionné, vérifiez les classements de compatibilité basés sur les dix couleurs fondamentales de l'amour, décrites aux pages 106-125.

Cet ouvrage est un guide pratique complet vous permettant de connaître votre aura, de la comprendre et, le plus important, de l'aimer. La lecture de l'aura vous conduit à percevoir, en plus de votre moi le plus profond, l'énergie qui nous relie tous étroitement, ou qui nous engage.

Lisez-le, profitez-en et laissez l'énergie nourricière de votre aura vous initier.

CHAPITRE PREMIER

QU'EST-CE QU'UNE AURA ?

Avez-vous jamais dit "Le charme lui sort par tous les pores" ou "Elle rayonne de bonheur" ou "La réussite le rend radieux" ? Quand vous utilisez ces phrases ou quand quelqu'un parle de vous ainsi, on décrit en fait l'aura.

Même pendant une éclipse du soleil,
l'aura qui l'entoure est encore visible.

Photographiée, l'aura humaine apparaît comme une série de lumières colorées.

L'aura est votre énergie personnelle, formée de particules électromagnétiques rayonnant depuis le corps en plusieurs couches. Ce champ aurique est émis par chaque chose vivante. C'est votre force vitale, qui reflète tous les aspects de votre corps, de votre mental et de votre esprit – ce que vous pensez, ressentez et éprouvez dans la vie.

Le terme "aura" vient du mot grec signifiant "air". C'est cet "air", ou énergie, qui émane de votre corps. Cette énergie invisible imprègne aussi les pierres, les montagnes et les objets inanimés, elle insuffle vie au monde, c'est l'énergie universelle et la force vitale du cosmos. Le Soleil a une aura, tout comme la Terre et les autres planètes. Regardez les anneaux de Saturne, ou les magnifiques nuages d'énergie gazeuse entourant Jupiter. La Lune possède une aura particulière – les loups hurlent sinistrement à la pleine lune, qui semble agir sur eux. Par les nuits calmes, claires, on peut distinguer tout à fait nettement le halo de la Lune.

Cette énergie vitale, qu'émet chaque chose vivante, peut maintenant être mesurée avec des instruments spéciaux et mise en évidence par la photographie ou les techniques d'imagerie aurique. L'aura est en même temps votre énergie vitale individuelle et votre connexion à l'énergie de vos semblables et à leur espace personnel. Elle vous relie aussi à l'énergie universelle plus grande dont nous faisons tous partie. Quand vous rencontrez une personne pour la première fois, vous vous faites immédiatement une première impression. C'est votre identification inconsciente de son aura et la mesure de son degré de similitude avec la vôtre.

À QUOI RESSEMBLE L'AURA

L'art dépeint souvent l'aura comme une auréole. En fait, votre aura est un reflet de vous-même. La plupart des gens qui ont vu des auras disent que celles-ci ressemblent à des arcs-en-ciel de couleurs chatoyant hors du corps. L'aura humaine est censée avoir sept couches. La première couche, la plus proche de votre peau, se rapporte à la santé. La dernière, la plus extérieure, concerne la façon dont vous voulez que les autres vous perçoivent. C'est aussi la couche spirituelle. L'aura est multicolore, elle se déplace avec vous, changeant de couleur selon vos humeurs, vos sentiments et votre perception de vous-même. En tournoyant autour du corps, certaines auras rayonnent jusqu'à un ou deux mètres de distance, tandis que d'autres sont larges de seulement quelques centimètres. Certains individus ont des auras multicolores, chez d'autres une couleur domine.

Dans les pays asiatiques, la source de l'énergie aurique est le hara, endroit situé juste en dessous du nombril. Le champ aurique vous relie à la nature, à votre instinct "viscéral", placé au centre de l'estomac.

Des champs énergétiques spéciaux, appelés chakras, font partie intégrante de l'aura. Ce sont les portails vers des canaux sacrés, qui reçoivent et émettent l'énergie formant votre force vitale aurique. Vous pouvez parfois percevoir l'énergie des chakras autour du corps. Pour activer les chakras de vos mains, par exemple, frottez les paumes l'une contre l'autre pendant environ une minute, jusqu'à ce que vous ressentiez un picotement, puis écartez-les lentement pour percevoir la traction magnétique de l'aura. Pour des conseils sur la façon d'éveiller l'énergie de vos chakras, voyez pages 38-39.

POURQUOI APPRENDRE À PERCEVOIR LES AURAS ?

Votre aura reflète votre personnalité et change en fonction de vos humeurs.

L'aura qui vous entoure – votre champ aurique – révèle l'état présent de votre être, non seulement votre personnalité, vos humeurs, vos émotions et vos actions, mais aussi la façon dont votre vie change. Elle peut aussi montrer comment vous vous reliez aux autres. La perception des auras de vos semblables vous permet de vérifier si leurs personnalités sont en harmonie avec la vôtre.

La conscience de votre aura peut s'avérer une source positive d'autoguérison – vous commencez à faire des choix pour vous-même et à comprendre comment les auras des autres peuvent vous inhiber, vous attirer ou vous dominer. Lorsque vous saurez percevoir les champs auriques des autres, vous constaterez que votre bien-être s'améliore aussi. En connaissant la qualité de votre aura, vous vous mettez dans la position d'effectuer des changements intérieurs et de modifier votre énergie, pour que celle-ci soit plus vive, plus affectueuse, plus compatissante, plus consciente d'elle-même.

La foi en la faculté de modifier les champs énergétiques est ancienne. Le Feng Shui, art chinois de l'organisation, est pratiqué en Orient depuis des milliers d'années. En organisant votre environnement immédiat selon les principes du Feng Shui, vous faites pénétrer dans votre demeure l'énergie bénéfique. De la même façon, si vous comprenez l'énergie que vous émettez, vous apprendrez à apporter l'harmonie, à vous-même et aux autres. La base de toute harmonie, autoguérison et équilibre est le respect de soi et l'amour de soi-même. Aimez donc votre aura.

AIMER SON AURA

Avant d'effectuer un travail avec les auras, vous devez connaître l'état de la vôtre.. Si, par exemple, vous avez essuyé une récente crise, si vous êtes stressé ou si vous travaillez trop, votre aura aura besoin d'être alimentée en énergie et équilibrée. Regardez les questions énumérées sur la page suivante et décidez combien se rapportent à votre cas. Le total indique l'état présent de votre aura.

ENTRETENIR SON AURA

Un des meilleurs moyens d'entretenir son aura est de passer un moment seul chaque jour. Asseyez-vous dans un endroit calme, les yeux fermés, prenez quelques respirations profondes et rythmiques pour vous détendre. Dites-vous

Avant de travailler avec son aura, il est important de s'asseoir calmement et de se sentir ancré.

maintenant que l'énergie de votre aura est harmonieuse et que vous en prendrez soin.

FORTIFIER SON AURA

Tenez un morceau de quartz blanc dans chaque main, asseyez-vous confortablement, respirez profondément et lentement. Concentrez-vous sur vos mains et sur le pouvoir de l'énergie du cristal. Concentrez-vous pendant deux à trois minutes sur la fusion de votre énergie aurique avec l'énergie du cristal afin de fortifier votre aura.

ANCRER SON AURA

L'aura est l'essence de ce que vous êtes, c'est votre lien avec l'énergie terrestre et cosmique. Une autre façon de vous centrer et de prendre soin de votre aura est de l'ancrer dans le champ aurique de la Terre – il suffit de s'asseoir sur le plancher et d'imaginer que vous avez des racines, comme un arbre, descendant vers le tréfonds de la planète. Imaginez-les pendant deux ou trois minutes s'enfonçant dans la croûte terrestre et perçant le noyau central de gravité. En vous ancrant chaque jour vous serez centré, relié à l'énergie et prêt à percevoir l'aura.

QUESTIONNAIRE DE L'AURA

J'ai toujours l'impression que les gens me regardent.

J'ai toujours l'impression qu'il y a quelqu'un derrière moi.

Les petits enfants et les foules m'énervent.

Je n'aime pas les restaurants bruyants.

Je ne suis pas à l'aise dans un environnement inconnu.

Il m'est plus facile de rester assis à regarder la télé que de faire une longue promenade.

Je préfère être entouré par des amis que d'être seul.

Je trouve difficile de dire non.

Je suis détendu quand je suis bloqué dans un embouteillage.

Je ne me laisse pas stresser par les problèmes des autres.

Je suis plus alerte quand je dois prendre des décisions pour moi-même.

J'attends beaucoup des autres.

Mes relations ne semblent jamais tourner comme je l'espère.

J'ai plein d'idées, mais je ne semble pas capable de les ancrer.

Mes amis n'ont pas à s'excuser s'ils ne peuvent pas me rencontrer.

Je suppose toujours que les autres sont meilleurs que moi.

Je déteste la critique.

Je n'aime pas que des inconnus me touchent.

Les gens arrogants ou sûrs d'eux me font froid dans le dos.

Je me cache dans les coins au cours des fêtes.

Je deviens jaloux si mon partenaire regarde quelqu'un d'autre.

J'envie mes amis et leurs relations.

J'attire toujours des gens qui finissent par me blesser.

Pour chaque oui, marquez un point.
21 ou plus : Votre aura a absolument besoin d'être fortifiée et entretenue.
11-21 : Votre aura exige un certain travail pour devenir plus forte.
5-10 : Votre aura est en très bonne forme – assurez-vous seulement de la garder ainsi.
Moins de 5 : Votre aura est vive et puissante – prenez-en bon soin.

L'aurore boréale est similaire à l'aura humaine, avec ses bandes de lumières de couleurs variées, depuis le jaune pâle jusqu'au rouge sang.

HISTOIRE ET MYTHE

Au fil du temps, pratiquement toutes les civilisations ont reconnu l'existence de l'aura, souvent désignée par d'autres noms, parmi lesquels chi, prana, karnaeem et illiaster. L'aura a été décrite par les mystiques indiens et chinois aux environs de l'an 4 000 avant J.-C. Quelque cinq mille ans plus tard, les bouddhistes, les chrétiens et les Amérindiens ont consigné séparément l'existence de l'aura.

Les praticiens de la médecine chinoise traditionnelle considèrent encore aujourd'hui que cette énergie circule dans le corps à travers des méridiens. En appliquant une pression sur des points spécifiques situés sur ces méridiens, on peut rétablir le courant d'énergie vitale dans le corps. Le yoga indien, ainsi que d'autres croyances spirituelles et ésotériques, affirment que l'énergie émane de sept chakras.

L'interaction entre la couleur et le champ électrique humain a occupé elle aussi une place importante dans l'histoire de la guérison. Au VIe siècle avant J.-C., les Égyptiens plaçaient des pierres de couleur et des amulettes sur les divers centres énergétiques du corps, pratique utilisée encore de nos jours dans la thérapie par les cristaux. Vers 500 avant J.-C., les Perses utilisaient une forme de thérapie des couleurs basée sur la lumière émise par l'individu. Vers l'an 1000, la médecine faisait de grands progrès dans le monde arabe. Avicenne en a été le pionnier, avec son Canon de la médecine, qui suggère que la couleur de la peau est un important outil de diagnostic. Selon lui, la couleur rouge augmente la circulation du sang.

ART ET LITTÉRATURE

L'aurore est un phénomène lumineux naturel, possédant des qualités électriques. L'aurore boréale est visible dans les régions polaires et son flamboiement dans le ciel nocturne a inspiré de nombreux mythes. Une légende estonienne dit que c'est une noce dans le ciel, avec des traîneaux, des chevaux et des milliers d'invités qui exsudent la lumière rayonnante de leurs auras individuelles. Les Amérindiens et les Inuits pensaient que c'étaient les esprits de leurs ancêtres en train de se divertir.

À toutes les époques, beaucoup de gens ont prétendu avoir vu les auras. L'un des plus célèbres est Nostradamus, astrologue et médecin du XVIe siècle, censé avoir vu l'aura d'un moine. Suite à cette vision, il avait prédit – avec justesse, comme il s'avéra par la suite – que ce moine deviendrait le pape Sixte V.

Pendant des siècles, les artistes ont essayé de peindre l'aura, habituellement associée à des personnages religieux et spirituels. Les saints, la Vierge Marie, Jésus, les dieux indiens, Bouddha, sont le plus souvent représentés avec une auréole, parfois entourés de rayons de lumière, des auras spirituelles.

Il y a également de nombreux exemples d'auras dans la Bible : la lumière éclatante qui brillait autour de saint Paul pendant sa vision et sa conversation sur la route de Damas, la lumière brillante qui "sortait" du visage de saint Jean de la Croix lorsqu'il s'agenouillait pour prier, les lumières aveuglantes que Moïse a rencontrées lorsqu'il descendait du mont Sinaï avec les Dix commandements.

SCIENCE ET ÉVIDENCE

Malgré leur nature ésotérique, les auras ont fasciné autant les hommes de science que les médecins depuis des milliers d'années, tout en s'attirant leur part de sceptiques. Les méthodes scientifiques toujours plus perfectionnées, ainsi que l'appareil révolutionnaire d'imagerie aurique mis au point vers la fin du XXe siècle, ont permis de trouver des preuves tangibles de leur existence.

Paracelse, figure de proue de la science médicale dans la Suisse du XVIe siècle, était un célèbre médecin et alchimiste. Parmi ses contributions importantes on trouve l'idée d'une force vitale, ou énergie, émanant du corps humain et produisant une enveloppe de lumière par son rayonnement. Pour lui, la qualité de cette lumière était la clé de l'état de santé d'un individu. Les couleurs de l'enveloppe de lumière étaient divisées en deux groupes : les teintes sombres représentaient la maladie et le déséquilibre, les claires l'harmonie et le bien-être.

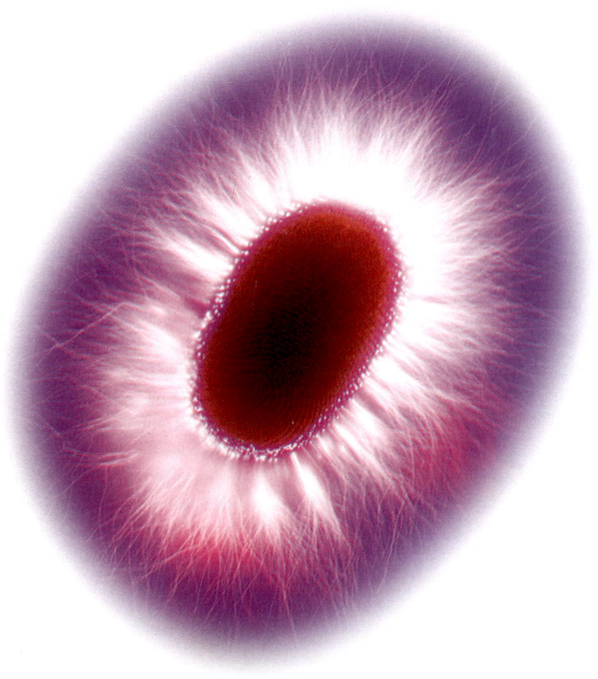

Au début du XIXe siècle, le médecin autrichien Franz Anton Mesmer a émis l'hypothèse que l'univers est rempli d'un fluide – l'éther – qui produit des vibrations. Il affirmait qu'à travers les vibrations de l'éther, chaque corps vivant influençait directement les autres corps vivants. Mesmer a aussi confirmé le pouvoir curatif des aimants et a découvert que ses mains émettaient une énergie, qu'il a appelée magnétisme animal.

En 1869, à Londres, le Dr Walter Kilner, intéressé par les affirmations des médiums, a commencé à faire des recherches sur le champ électrique humain. Pour rendre l'aura visible au regard humain, il a conçu un instrument de détection simple. En utilisant des teintures, une lentille en verre et un écran, il a prouvé l'existence de l'aura et a décrit ce qui est maintenant connu comme étant l'aura physique – la première couche du champ énergétique. Plus tard, il a identifié l'aura extérieure, l'énergie spirituelle.

En 1923, le biologiste Alexander Gurwitch a découvert que les plantes qu'il étudiait émettaient une faible énergie, à laquelle il a donné le nom d'énergie mitogénétique. Son travail a mis en évidence l'existence d'un champ de force, l'aura, déjà connu dans les cercles ésotériques. À la même époque, un biologiste de Cambridge, Oscar Bagnall, passionné par les recherches de Kilner, a tenté de répéter l'expérience de celui-ci. Il a échoué et a insinué que Kilner était probablement lui aussi médium. Toutefois, il a admis que toutes les choses vivantes émettent une aura, et que la capacité de voir la lumière aurique ne dépend pas de la qualité de focalisation de l'œil mais du champ de la vision périphérique.

La photographie Kirlian met en évidence la force magnétique émise par le bout du doigt.

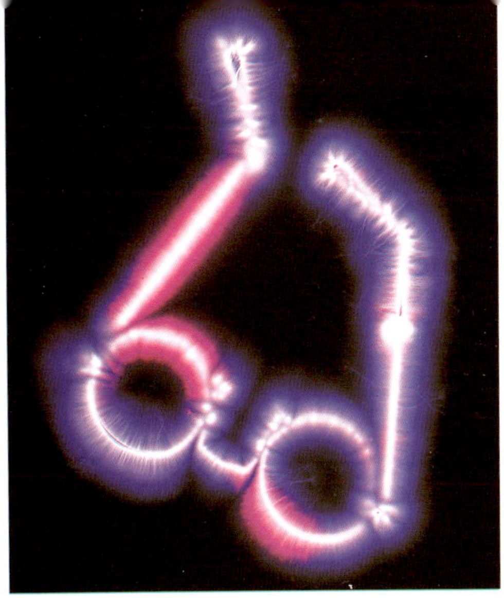

Même les objets inanimés, comme ces lunettes, ont une aura.

PHOTOGRAPHIER L'AURA

La première personne qui a réussi à photographier l'aura – en 1890 – a été l'inventeur du pouvoir électrique moderne, l'ingénieur croate Nikola Tesla. Ses premiers clichés avaient immortalisé l'aura entourant les bouts des doigts : plus tard, il a réussi à saisir certaines auras entourant le corps entier. Pour obtenir ces images, il attachait le sujet à l'appareil photographique à l'aide d'un grand nombre de fils électriques.

En 1939, les Soviétiques Semion et Valentina Kirlian ont perfectionné la technique de Tesla et ont conçu une méthode plus pratique de photographier les auras en utilisant des plaques qui émettaient un courant électrique. La méthode est encore utilisée actuellement. Le sujet place sa main sur la plaque condensateur, la charge électrique passe de celle-ci aux bouts des doigts, on prend une photo – qui montre une lumière colorée sortant des bouts des doigts.

Dans les années soixante-dix, de nombreux chercheurs des États-Unis se sont intéressés à l'aura et se sont évertués à prouver son existence de façon scientifique. En 1980, l'inventeur Guy Coggins a conçu une nouvelle technique, l'imagerie aurique. Il a utilisé une caméra spéciale pour immortaliser le spectre complet des couleurs auriques entourant la partie supérieure du corps.

Le système d'imagerie aurique utilise les techniques traditionnelles de mesure du biofeedback. Selon Coggins, la caméra ne saisit pas réellement l'aura, mais capte électroniquement les ondes de lumière, convertissant les impulsions énergétiques en une image aurique à l'aide d'un ordinateur. Sa première caméra consistait en une sonde qui mesurait l'aura en envoyant des ondes radio à travers le sujet, via une plaque sur laquelle reposait la main de celui-ci. L'énergie était réceptionnée derrière le sujet par un système de grilles formé d'une série de récepteurs et de scanners, qui transformaient les ondes en énergie électrique, convertie ensuite en couleur et lumière.

Coggins a conçu par la suite un appareil qui mesure les mêmes impulsions énergétiques directement sur les mains. Le système récepteur placé derrière le sujet est devenu inutile. L'énergie captée par les sondes est électroniquement convertie en une image de l'aura enregistrée par la caméra.

Pour découvrir l'image de son aura à un moment donné on a utilisé de plus en plus des caméras d'imagerie aurique. Toutefois, de même que les humeurs et les sentiments changent, les couleurs de l'aura changent aussi – pour découvrir les modifications de l'image de votre aura vous êtes obligé de prendre assez souvent des photos. Coggins travaille actuellement à une nouvelle invention utilisant une caméra vidéo, pour produire une image de l'ensemble du corps. Basée sur la grille d'antennes de sa première invention, la vidéo montre l'aura comme un champ de lumières colorées en mouvement.

CHAPITRE DEUX

APPRENDRE À PERCEVOIR LES AURAS

Combien de gens connaissez-vous qui produisent une impression rien qu'en étant dans la pièce ? Les stars de cinéma, les grands leaders, sont souvent des gens dynamiques et charismatiques. Le charisme, c'est impressionner fortement les gens, mais aussi posséder une aura forte et puissante, corollaire de la foi en soi-même et de la conscience de soi.

Même si vous ne pouvez pas voir physiquement l'aura, vous pouvez souvent la percevoir juste en étant en la compagnie de la personne respective.

L'aura a été traditionnellement représentée comme une auréole, souvent entourant la tête d'un personnage saint.

Puisque l'aura reflète votre personnalité, votre réussite ainsi que chaque changement d'humeur ou émotionnel, toute énergie que vous émettez en vertu de ce que vous êtes – que vous soyez un type timide et silencieux ou un extraverti sûr de soi – se manifestera dans votre aura.

Il n'est pas facile de voir une aura – combien de fois avez-vous "vu" le charisme ? – mais celle-ci a une présence, tout comme une personne charismatique. Vous pouvez la percevoir dans l'air, vous pouvez ressentir un sentiment d'excitation ou de respect en présence d'un individu, mais vous ne pouvez pas la voir physiquement avec vos yeux. C'est ainsi que vous apprendrez à lire l'aura, en utilisant tous vos autres sens et en développant une perception instinctive, et non pas en essayant de voir des arcs-en-ciel, des auréoles et des lumières chatoyantes. En développant l'ensemble de vos sens, vous finirez par découvrir que vous êtes plus près de toucher, de percevoir intuitivement ou même de humer l'aura d'une personne que de la voir.

PERCEVOIR LES AURAS AUTREMENT

Dans le monde animal, l'ouïe, l'odorat, le toucher et l'instinct sont aussi importants que la vue pour la survie des espèces. En fait, de nombreux animaux se basent bien plus sur leur nez et leurs oreilles que sur leurs yeux. L'antilope qui paît, par exemple, les yeux au niveau de l'herbe, perçoit instinctivement la présence d'un prédateur par le son et l'odeur, bien avant de voir son ennemi.

La vision humaine est conditionnée à voir les objets pour leur attribuer un nom. Il se peut que les enfants voient les auras sans le savoir. À mesure que leur capacité à s'exprimer s'accroît, ils apprennent à cataloguer de plus en plus les choses en fonction de la vue. Il est rare qu'on leur dise que le nom de l'énergie qui émane du corps humain est aura. Si on le faisait, on entendrait bon nombre d'enfants s'exclamer : "Hé, je peux voir ton aura."

En grandissant, on perd la faculté naturelle de percevoir l'aura des autres. Autrement dit, on perd, dans une certaine mesure, le contact avec ses sens, la partie la plus instinctive de sa nature. Il devient plus difficile de percevoir l'énergie invisible qui lie étroitement toutes les choses – plus on est exposé aux énergies des sources extérieures, plus on a du mal à distinguer les "bonnes" vibrations. Avec de la pratique, vous pouvez apprendre à vous accorder à tous vos sens, ce qui vous aidera à entendre, à humer, à sentir et à toucher les auras, aussi bien qu'à les voir.

DÉVELOPPER LES AUTRES SENS

En dehors de la vue, quels autres sens entrent en jeu quand vous regardez cette image ? Pouvez-vous percevoir le calme de la femme ou voulez-vous toucher les épines des fleurs ?

Au début, vous ne vous rendrez pas compte de la présence des auras. Mais en développant tous vos sens vous commencerez à percevoir l'énergie de vos semblables et à prendre davantage conscience de la sensation que vous donne votre propre aura. L'aura peut être vue, mais aussi entendue, humée, touchée et "perçue". Pour avoir une bonne sensation aurique, il faut faire appel à tous les sens, pas uniquement à un seul.

La façon la plus simple de commencer est de choisir le sens avec lequel vous êtes le plus à l'aise. Par exemple, si en entrant pour la première fois dans une pièce vous remarquez l'arôme parfumé des fleurs séchées ou fraîches, vous devez vous concentrer en premier sur votre odorat. Si toutefois vous notez en premier le tic-tac d'une pendule, le bourdonnement d'un ordinateur ou le fond musical à peine audible, vous devez vous concentrer d'abord sur votre ouïe.

Le reste de ce chapitre traite tour à tour de chaque sens, conseillant des techniques et des exercices pour les fortifier. Quand vous serez familiarisé avec ces exercices, essayez de les inclure dans votre programme quotidien, et consacrez de temps à autre toute une journée au développement de vos sens, ainsi qu'il est expliqué pour l'Immersion aurique (pages 42-45). En plus de fortifier et de développer la conscience de votre aura, vous pouvez vous exercer à percevoir les auras de vos collègues et amis. Vous pouvez aussi adapter les techniques pour les pratiquer chez vous pendant le week-end.

LA VIBRATION COLORÉE

En développant la sensibilité de tous vos sens, vous pourrez découvrir la vibration colorée de votre aura, ainsi que celle des auras d'autres gens. La vibration colorée de votre aura est la couleur mise en évidence par l'imagerie aurique. Vous pouvez découvrir votre couleur aurique la plus forte sans être obligé de la voir réellement ou de la prendre en photo.

Chacun de vos sens, à l'exclusion de la vue – odorat, toucher, ouïe et intuition – peut détecter et identifier le spectre de fréquences sur lequel vibrent les couleurs auriques. Par exemple, un type particulier d'odeur indique la vibration colorée du rouge, un autre la vibration colorée du bleu, un autre encore celle du jaune, et ainsi de suite. Similairement, chaque couleur de l'aura résonne à un son particulier. Découvrir la couleur prédominante actuelle de votre aura dit tout sur vous-même, depuis vos peurs, savoir-faire, talents et conscience spirituelle jusqu'à vos émotions, relations et santé. Souvenez-vous, vous n'avez pas à "voir" littéralement la couleur pour découvrir la vibration colorée de votre aura. Pour des détails sur les rapports entre les couleurs individuelles et les sens, passez au chapitre 4, mais seulement après avoir développé vos autres sens et avoir pris le temps de vous exercer à leur utilisation.

DÉVELOPPER VOTRE OUÏE

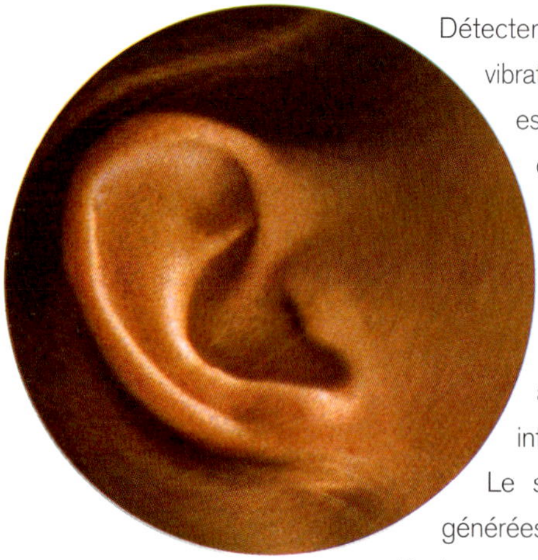

Détecter l'aura à travers les vibrations naturelles du son est assez similaire au fait de la voir. Le fait de développer votre ouïe pour vous accorder aux différents messages proférés par l'aura peut aussi vous aider à interpréter les sons.

Le son voyage en ondes, générées par les vibrations des molécules gazeuses qui constituent l'air. Il ne peut pas se transmettre dans le vacuum. La fréquence du son – le ton – est mesurée en hertz, nombre d'ondes par seconde. L'oreille humaine peut entendre des sons dont la fréquence va de 20 à 20000 hertz. Les chauves-souris saisissent les ultrasons, dont la fréquence dépasse les 20000 hertz ; les oiseaux perçoivent les infrasons, dont la fréquence est inférieure à 20 hertz.

Comme les chauves-souris sont des créatures nocturnes dont la vue est mauvaise, elles utilisent l'écholocation pour trouver leur chemin. Elles émettent des ultrasons et écoutent l'écho renvoyé par les objets situés sur leur route. Elles peuvent déterminer à quelle distance se trouve l'objet concerné en fonction du temps de retour de l'écho.

Tout objet a une fréquence naturelle à laquelle il vibre. Si on impose à un objet une vibration identique à sa fréquence naturelle, l'amplitude des vibrations s'intensifie, phénomène appelé résonance. Ainsi, un groupe de soldats qui traverse un pont – même un pont solide – en marchant au pas, peut provoquer une résonance et le faire vibrer violemment. En 1940, aux États-Unis, le Tacoma Narrows Bridge s'est effondré, car le hasard a voulu que la fréquence du vent coïncide avec la fréquence naturelle du pont, qui est entré en résonance. Sur une plus petite échelle, un verre volera en éclats si la voix du chanteur résonne à sa fréquence.

Le langage imagé touchant au son utilise des phrases comme "Il a de bonnes vibrations", "Nous sommes sur la même longueur d'onde". Quand vous écoutez les voix des gens, certaines vous semblent grinçantes, d'autres belles, d'autres encore sensuelles. Cette appréciation dépend entièrement de vos valeurs personnelles sur la qualité du son. Ce qui pour vous est un bruit insupportable – un son que vous n'aimez pas – peut être de la musique aux oreilles d'une autre personne. Similairement, la fréquence de votre voix change en fonction de la personne avec laquelle vous êtes ou de la voix qui est en harmonie avec la vôtre.

L'idée d'entendre une aura peut sembler absurde, mais si les gens émettaient leur propre type d'ondes de localisation – comme les chauves-souris – alors la qualité de la voix qui est à l'autre bout de la ligne vous donnerait un aperçu de l'aura de votre interlocuteur, comme si vous étiez face à face. Parfois, avant de détecter autrement ces sentiments, vous pouvez "entendre" la méfiance, la suspicion, la tromperie ou l'humour dans la voix d'une personne. On peut affirmer "Ça ne me dit rien !" en se référant plus à l'intention que cachent les mots qu'aux paroles prononcées.

Écouter les différentes qualités des voix au téléphone peut développer votre ouïe, ce qui vous fera réellement "entendre" l'aura d'une personne.

TECHNIQUES ET EXERCICES

En commençant à percevoir la qualité de ce que vous entendez, même si ce n'est qu'une voix – celle d'un ami ou la vôtre – vous arrivez à saisir ce que reflète l'aura. Chaque résonance reproduit une couleur aurique. Essayez d'être conscient de ce que vous entendez et, plus important, de la façon dont vous percevez le son ou la personne.

1 *NOTES MUSICALESS*

Pincez les cordes d'un instrument musical ou jouez, et décidez si vous aimez les sons, et pourquoi. Ou bien écoutez vos mélodies préférées, puis une musique que vous détestez. Réfléchissez à la raison qui vous fait aimer certains sons et prendre les autres pour du bruit.

2 *VOIX QUI BAVARDENT*

Dans des endroits bondés, café ou aéroport, essayez de distinguer une voix dans la foule. Décidez pourquoi elle est plus plus intéressante que les autres. Entre-t-elle en résonance avec quelque chose que vous aimez ou n'aimez pas dans votre propre vie ? Vous rappelle-t-elle, par exemple, la cadence apaisante d'une actrice lisant une histoire ou les tons stridents d'un patron qui vous crie toujours après ?

3 *LES SONS DU SILENCE*

Essayez d'écouter les sons du silence. Asseyez-vous tranquillement dans une bibliothèque, dans votre chambre la nuit, sur une route de campagne ou au sommet d'une montagne, et vous entendrez encore des sons, si calme que puisse sembler l'environnement. Vous ne vivez pas dans un vide absolu.

4 *DANS LA CONVERSATION*

Parlez avec des amis. Écoutez votre voix et l'impression qu'elle donne, ce que vous exprimez derrière les mots. Les voix des autres vous tapent sur les nerfs – sont-elles trop aiguës, trop basses, trop sensuelles ? Quelles voix aimez-vous, quelles voix du sexe opposé vous excitent ? En laissant de côté les mots, que semblent exprimer les voix des autres?

DÉVELOPPER
VOTRE TOUCHER

Le toucher est littéralement le sens le plus tangible, simplement parce que dès que vous entrez en contact avec une surface vous recevez toutes sortes de signaux et de vibrations, de messages et de réactions, envoyés au cerveau à travers le système nerveux pour être interprétés. Dès que vous avez serré la main ou embrassé affectueusement quelqu'un, vous pouvez savoir exactement comment se sent réellement votre interlocuteur, grâce à votre sensibilité tactile.

Certaines personnes détestent être touchées, car cela signifie souvent qu
proches de leur espa
envahissent leur champ a
au contraire, aiment être t
parlant posent souvent an
main sur le bras de leur inte
façon spontanée. D'aucun
l'air si une minuscule arai
sur leur jambe, tandis que
effleurant une ortie, trouver
même temps plaisante et
soldats romains avaient
frotter la peau d'orties quar
d'augmenter leur circula
sanguine et garder leur cha
corporelle. La brûlure de l'c

incitait le cerveau à enregistrer une irritation de la peau, qui avait en même temps un effet réchauffant sur le corps.

Le toucher est la qualité sensorielle primordiale pour une relation – caresser un amant, essuyer les larmes d'un enfant ou masser un ami. Le terme est aussi utilisé pour décrire une émotion, être touché par la générosité ou la tristesse de quelqu'un. Le toucher est très important pour votre conscience de vous-même. Il est l'une des façons les plus physiques

Caresser un chat est une telle expérience tactile qu'elle fait toujours plaisir.

d'une feuille, l'aura d'un amant, ressentir le pouvoir de vos chakras, sont des expériences fortes, qui en disent long.

TECHNIQUES ET EXERCICES

1 ÉNERGIE NATURELLE

Placez une feuille, un morceau de fruit ou un cristal sur votre paume. (Tous ces objets naturels ont leurs propres champs énergétiques, leurs propriétés auriques distinctes.) Asseyez-vous tranquillement avec la feuille, ou l'objet naturel, dans votre main et soyez sûr de le toucher avec les doigts ou le pouce, tout en le sentant sur votre paume. Installez-vous bien, fermez les yeux et concentrez-vous sur la feuille. En ce faisant, purifiez votre esprit et concentrez-vous sur la sensation que la feuille laisse sur votre paume. Vous aurez besoin de quelques minutes – jusqu'à vingt – en fonction de vos défenses et de votre résistance innée à la perception de l'aura.

Quelle est la sensation que vous ressentez : chaud, froid, électrique, lisse, ridée, stimulante, vibrante ? Vous sentez-vous fâché, content, heureux, triste, agité ? L'énergie que vous recevrez dépend aussi de votre humeur et de votre champ aurique, qui canalisera l'aura de l'objet dans votre main. Essayez plusieurs objets avant de passer à l'exercice suivant. Expérimentez avec des choses personnelles, telles qu'un cristal préféré, une photo ou un livre qui, tout en ayant leurs propres auras, se sont imprégnés au fil du temps de la vôtre

2 TOUCHER L'EAU

Cet exercice simple vous permet de devenir rapidement conscient d'une sensation tactile très différente. Remplissez une bassine d'eau, faites couler un bain ou asseyez-vous près d'une mare ou d'une rivière calme, dont vous pouvez toucher la surface avec le bout des doigts. Fermez les yeux. Touchez l'eau sans y plonger vos, mais faites-les glisser sur la surface, comme une punaise d'eau.

Toucher quelque chose que vous ne touchez pas d'habitude, comme l'eau, et vous concentrer sur les sensations que vous ressentez est un bon exercice.

punaise d'eau. Pensez à ce que ce toucher représente pour vous. Le trouvez-vous calme, équilibré, apaisant et soyeux, ou est-il froid, frémissant et à peine perceptible ?

3 *TOUCHER LE CHAMP AURIQUE*

Cet exercice s'exécute à deux. Tenez-vous debout en vous faisant face et levez lentement les mains, sans vous toucher à aucun moment. Maintenez les mains écartées d'environ 15 cm, puis fermez les yeux et concentrez-vous sur l'énergie que vous recevez et sur celle que vous émettez. L'exercice dure seulement quelques minutes, pour éviter que vos bras se fatiguent. Essayez de percevoir ce que vous transmet l'aura de votre partenaire. Par exemple, vous laisse-t-elle une impression chaude, électrique, rugueuse, granuleuse, douce, lisse ? Vous fait-elle vous sentir bienvenu, tendu, furieux ou plein d'énergie ?

Recevez et émettez de l'énergie à tour de rôle. Ouvrez-vous à l'énergie de votre partenaire et faites tomber votre écran de protection aurique. Tous les gens échafaudent une résistance aux énergies difficiles, ce qui veut dire que vous ne pourrez pas toujours percevoir les sensations que procure votre aura, et encore moins celles de l'aura d'un tiers. Lorsque c'est votre tour d'émettre de l'énergie, imaginez le courant énergétique débutant au hara. Pendant que l'énergie rayonne à travers votre corps, respirez profondément et imaginez la force sortant par vos mains et se dirigeant vers votre partenaire.

4 *ÉTREINTE AURIQUE*

Cet exercice s'effectue avec un partenaire, mais avant de le tenter, pratiquez l'exercice précédent d'émission et de réception d'énergie. Tenez-vous debout face à face, sans qu'un point quelconque de vos corps soit en contact. Fermez les yeux, détendez-vous et respirez profondément. Mettez les bras autour de votre partenaire, mais sans réellement toucher son corps. Gardez les bras ainsi pendant environ 30 secondes, ou plus si vous le pouvez, et commencez à percevoir son champ énergétique avec vos mains. Assurez-vous que votre partenaire fait de même ensuite, afin de rétablir l'équilibre des énergies.

5 *MASSAGE AURIQUE*

Vous pouvez l'effectuer seul sur vous-même, mais il vaut mieux avoir un partenaire pour une prise de conscience plus profonde. Demandez à celui-ci de s'étendre sur le dos, sur une surface dure, les yeux fermés. Commencez votre massage. Sans le toucher, placez vos mains sur sa tête et déplacez-les peu à peu sur tout son corps, comme si vous le massiez réellement. Gardez les doigts joints et effectuez un lent mouvement de balayage d'un côté à l'autre du corps, tout en descendant. Le massage doit durer deux à trois minutes. Votre ami doit ressentir les bienfaits de cette technique lorsque vos énergies entrent en contact. Vous découvrirez probablement que vous pouvez percevoir son champ aurique. Si c'est le cas, essayez de réfléchir aux sensations qu'il vous procure. Est-il doux, souple, soyeux et lisse, ou est-il piquant, ridé, bosselé et froid ? Demandez à votre partenaire d'effectuer le même exercice sur vous, et vous percevrez la connexion de votre aura avec ses mains.

Etre conscient des sensations que procurent les choses veut dire être plus apte à voir le champ aurique émis par toute chose vivante.

DÉVELOPPER VOTRE ODORAT

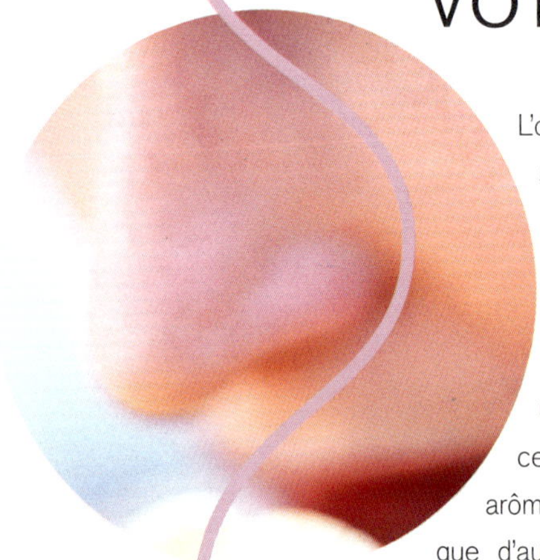

L'odorat est probablement le sens auquel on pense le moins. On partage en bloc les odeurs en deux catégories : agréables et déplaisantes. C'est aussi un sens très individualisé : certains optent pour les arômes exotiques, épicés, tandis que d'autres préfèrent la senteur plus âcre du musc ou la saveur plus piquante et plus fraîche du citron. Apprendre à "humer" l'aura des gens veut dire élargir votre sensibilité et disposer d'une ouverture plus grande que celle d'une simple réaction visuelle.

Dans le monde animal, l'odorat est souvent supérieur aux autres sens. On pense que les chiens reconnaissent à l'odeur leurs maîtres à une distance d'environ 3 km. Bien que les êtres humains ne soient pas dotés d'une telle acuité olfactive, le souvenir des événements passés s'améliore si on le rapporte à des odeurs, selon un récent article paru dans le *British Journal of Psychology*. Par exemple, l'arôme du pain juste sorti du four peut faire surgir le souvenir des moments heureux chez les grands-parents.

Utilisant le pouvoir des fragrances pour guérir et purifier votre système, l'aromathérapie est bénéfique pour le mental, le corps et la conscience spirituelle. Certains ne réalisent pas le pouvoir de leur sens olfactif, ce qui risque de déclencher une réaction instinctive. Par exemple, si en entrant dans une maison vous avez "froid dans le dos", il se peut que son odeur ait induit cette impression, en vous rappelant une chose en désaccord avec votre sens personnel de l'harmonie.

Les femmes enceintes découvrent que le goût et l'odorat changent durant leur grossesse, avec la variation de leur taux hormonal. L'âge aussi conduit à des changements dans les préférences et les aversions. Les enfants aiment instinctivement certains parfums et pas d'autres, tandis que les adultes acquièrent l'appréciation d'arômes et de fragrances plus complexes, comme les fromages forts ou les huiles musquées. Les arômes que vous préférez sont un point de référence de votre état harmonique présent et, donc, de l'état de votre aura. Le développement de votre sensibilité aux arômes des gens est un moyen de percevoir leurs auras comme si vous les voyez.

Les fragrances que vous aimez actuellement révèlent l'état de votre aura. Le choix des roses indique que vous êtes probablement amoureux.

Apprendre à humer efficacement exige de la pratique. Cela concerne tant la conscience que vous avez de vos réactions, que la qualité que vous percevez.

TECHNIQUES ET EXERCICES

1 *RESPIRATION PROFONDE*

Pratiquez d'abord une respiration profonde et rythmique. Celle-ci favorise une bonne circulation sanguine, si bien que votre corps peut intégrer l'odeur comme une image ou une idée. Asseyez-vous en tailleur sur le plancher, ou sur une chaise confortable, et gardez le dos droit. En respirant, fermez les yeux et comptez en gardant le rythme. En inspirant, comptez un, puis expirez ; l'inspiration suivante, comptez deux, puis expirez.

Respirez ensuite un parfum agréable. Par exemple, imaginez l'arôme d'une rose en inspirant; en expirant, demandez-vous ce que cette senteur signifie pour vous. Vous rappelle-t-elle un souvenir, invoque-t-elle un sentiment ou vous transmet-elle un message concernant la rose ?

2 *ENTRAÎNEMENT DE L'ODORAT*

Cherchez d'autres effluves dans votre garde-manger, salle de bains, réfrigérateur. Inspirez profondément par le nez et laissez l'odeur imprégner votre corps, puis en expirant pensez à ce qu'elle vous évoque. Utilisez des articles présentant un bon équilibre entre sucré, âcre et piquant, tels que le vinaigre, le miel, votre essence préférée, une rose ou une fleur parfumée, une chaussette sale (ou une autre odeur désagréable), du savon, du citron, de l'ail ou de la menthe. Que vous rappelle chaque odeur, les trouvez-vous plaisantes ou déplaisantes, qu'est-ce qui distingue certaines odeurs d'autres ? Quelle est celle qui compte le plus pour vous, et pourquoi ?

3 *RECONNAÎTRE DES ODEURS*

Essayez d'effectuer chaque jour ces deux exercices simples. Bientôt vous flairerez tout le monde et toutes les choses. Reconnaître les odeurs qui transportent certains messages deviendra rapidement aussi naturel que de respirer.

D'abord, inspirez profondément en entrant dans un environnement nouveau pour vous. Essayez de découvrir ce que l'odeur vous suggère. Ensuite, à chaque fois que vous rencontrez quelqu'un, prenez une profonde inspiration – discrète. Sent-il les cigarettes, le parfum, la sueur ? Ou sentez-vous autre chose ? Si c'est le cas, qu'avez-vous l'impression qu'il vous transmet : le bonheur, la joie, l'ennui ?

Suivre la spirale du coquillage est un bon entraînement (voyez page 32).

DÉVELOPPER
VOTRE VUE

La vue est le sens que la plupart des gens associent à la lecture des auras, mais c'est en fait le plus difficile à développer dans ce but. Les gens sont conditionnés pour se concentrer sur les objets et les voir seulement au sens physique du terme, sans mettre aucun accent sur la vision au sens intuitif (voir pages 36 à 39). La vision physique objective des couleurs des auras est possible, mais exige beaucoup de pratique. Vous devez entraîner vos yeux à reconnaître une partie de plus en plus importante du spectre lumineux (voir pages 46-47) et aussi à devenir plus conscients de la vision périphérique.

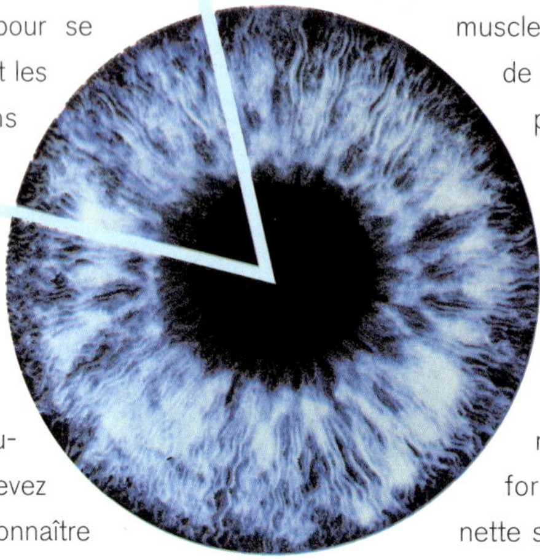

Chez les êtres humains, le champ visuel – ce qu'on peut voir sur les côtés sans bouger la tête – est d'environ 120 degrés vers le haut et vers le bas et d'environ 200 degrés d'un côté à l'autre. Les deux yeux voient les 120 degrés droit devant, ce qui vous permet de voir la profondeur – le cerveau utilise les images superposées des vues de gauche et de droite pour bâtir une image tridimensionnelle. Chaque œil a donc un champ visuel individuel d'environ 40 degrés sur le côté. Certains animaux, tels que les lapins, peuvent toutefois voir derrière eux.

Notre vue est un sens si important, que 70 % des récepteurs sensoriels se trouvent dans les yeux. Pour qu'un objet puisse être vu, la lumière qu'il émet traverse la cornée transparente située à l'avant de l'œil, puis la pupille. La taille de la pupille est adaptée par l'iris coloré et le muscle qui l'entoure, en fonction de l'intensité de la lumière qui pénètre dans l'œil. Cela signifie que l'intérieur de l'œil reçoit une lumière assez constante. La lumière traverse ensuite le cristallin, qui aide la cornée à focaliser les rayons lumineux pour former une image inversée nette sur la rétine. Cette information va au cerveau, qui interprète l'image comme étant dans le bon sens.

La rétine contient deux types de cellules sensibles à la lumière – les bâtonnets et les cônes. Les bâtonnets détectent les teintes de noir et blanc et sont situés principalement sur les bords de la rétine. Les cônes, positionnés surtout au centre de la rétine, détectent les couleurs. Chaque cône est sensible à l'une des trois couleurs primaires – rouge, bleu ou vert – et déclenche la sécrétion d'une substance chimique destinée à vous faire prendre conscience de la couleur. Des recherches récentes ont montré que le cerveau accroît en fait la perception de la couleur en fonction de la brillance des objets voisins et des contrastes entre ceux-ci.

La couleur est donc inférée, aussi bien que perçue. En effectuant des exercices pour stimuler votre perception des couleurs et des ombres, vous pourrez améliorer votre vue et votre vision périphérique. Vous commencerez alors à voir les champs auriques entourant les plantes, les animaux et les gens.

TECHNIQUES ET EXERCICES

Stimulez vos yeux en vous préparant à voir les auras. Effectuez chaque jour quelques exercices simples pour augmenter votre sensibilité à la couleur et votre vision périphérique.

1 *RESPIRATION PROFONDE*

Asseyez-vous calmement et respirez profondément et lentement par le nez. Expirez par la bouche – un peu plus vite que l'inspiration – et percevez la détente de l'énergie et la disparition de toute tension. Faites cet exercice deux ou trois fois, puis respirez normalement. Effectuez-le avant chacun des exercices d'amélioration de la vue qui suivent.

2 *COQUILLAGE SPIROÏDAL*

Regardez la spirale du coquillage (page 31) et fixez son centre comme si vous plongiez le

Au-dessus : Regardez séparément chaque point du dé pour exercer vos yeux (voir page de droite).

regard dans une grotte profonde ou dans un puits. Laissez vos yeux se frayer lentement un chemin hors de la spirale, suivant le contour du coquillage jusqu'à ce que vous en atteigniez le bout. Au début, vos yeux auront tendance à sauter au centre et à vouloir aller trop vite. Pratiquez ceci plusieurs fois par jour jusqu'à ce que vous ayez vraiment l'impression d'avoir suivi la totalité de la trajectoire de la courbe, du centre à la fin, sans tricher.

3 *VOIR DES POINTS*

Pour vous assurer que vos yeux développent une meilleure perception de la lumière, de la configuration et de la forme, utilisez quotidiennement cet exercice. Bientôt vous aurez des réactions et des mouvements oculaires plus rapides que ceux d'un faucon. Dessinez cinq points noirs d'environ 1 cm de diamètre sur une feuille de papier A4. Comme pour un dé, il y aura un point au centre et un dans chacun des coins de la feuille. Fixez l'un des points noirs, puis déplacez rapidement le regard sur le point opposé en diagonale, ensuite revenez vite à votre point de départ. Maintenant, déplacez vos yeux autour des points, par des mouvements circulaires, en diagonale ou à l'horizontale, pendant environ dix secondes à chaque fois. Pour terminer, couvrez-vous un œil et faites le même exercice. Répétez avec l'autre œil.

4 *AMÉLIORATION DE LA PERCEPTION DE LA COULEUR*

Cet exercice vous demande seulement de vous montrer observateur en traversant un parc, en marchant dans la rue ou même en restant assis dans votre jardin. Essayez de discerner les variations d'une couleur. Séparez les différentes nuances de vert et voyez combien vous pouvez en distinguer ou nommer. Faites de même pour le rouge, le bleu et le jaune que vous rencontrez dans la nature. Regardez le ciel par un jour clair et déterminez jusqu'où vous pouvez vous plonger dans la couleur. Les nuits éclairées par la lune sont particulièrement utiles pour apercevoir une nouvelle gamme de couleurs. L'accommodation plus estompée de l'œil et les configurations plus ternes de la vision de nuit indiquent aussi l'augmentation de votre niveau de sensibilité.

5 *VISION PÉRIPHÉRIQUE*

Pour augmenter votre prise de conscience de la vision périphérique, tenez un doigt devant vous et fixez-le du regard pendant environ une minute. En vous concentrant sur le doigt, devenez conscient de tout ce qui vous entoure, sans en fait regarder. Concentrez-vous sur votre doigt, mais notez ce qu'il y a d'autre dans la pièce, augmentant progressivement votre conscience périphérique en vous mettant à voir du coin des yeux, tout en regardant droit devant. Soyez conscient des choses qui se passent presque derrière vous.

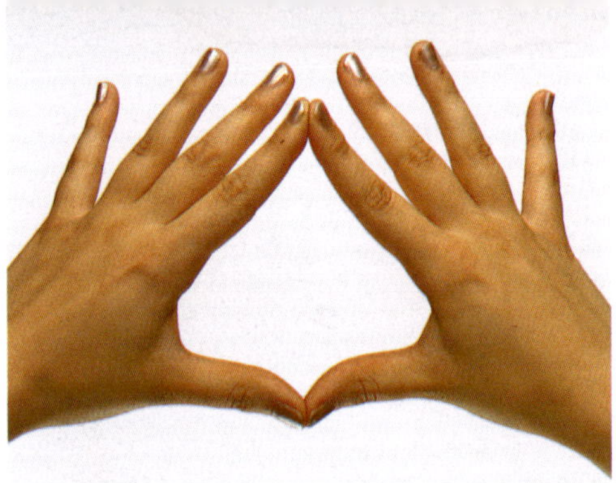

TECHNIQUES ET EXERCICES POUR VOIR LES AURAS

Quand vous vous sentez prêt, peut-être après avoir effectué tous les jours les exercices précédents durant une semaine, vous pouvez commencer à tenter de "voir" les auras.

1 *AURA HUMAINE*

Commencez en vous exerçant à maintenir vos mains en oignon, (illustration de droite). Trouvez-vous un partenaire pour servir de cobaye. Demandez-lui de se tenir devant un mur blanc. Levez les mains devant vous, à hauteur du bras, en maintenant la forme d'oignon, et imaginez que celle-ci est l'objectif d'une caméra centré sur le corps de votre partenaire. Gardez la position pendant quelques minutes.

Concentrez-vous sur l'image de votre partenaire et apaisez votre esprit. Puis écartez les mains très lentement. Continuez à vous concentrer et à regarder le même point du corps de votre ami. Ne regardez pas vos mains. Il se peut qu'en écartant lentement les mains vous aperceviez juste pour un moment l'aura qui apparaît autour du corps de votre partenaire. Pratiquez avec d'autres choses vivantes, des arbres et des animaux.

2 *L'AURA D'UNE BOUGIE*

Asseyez-vous tranquillement le soir dans une pièce sombre et effectuez l'exercice de respiration profonde décrit à la page 32. Allumez une bougie et placez-la devant vous sur une table. Concentrez-vous sur la flamme, observez-la vaciller et brûler. Plus la flamme est immobile, mieux c'est. Concentrez-vous pendant quelques secondes sur la flamme et vous commencerez à voir un rougeoiement à la périphérie de votre vision. Essayez d'imaginer quelles sont les couleurs de l'aura entourant la bougie. Ne faites pas durer cet exercice plus de quelques secondes, car il fatigue les yeux.

3 *VOTRE PROPRE AURA*

Asseyez-vous devant un miroir, de préférence le soir, à un moment où vous vous sentez détendu. Assurez-vous que la lumière est faible et que vous ne serez pas dérangé. Placez une bougie allumée sur une table à côté de vous, de façon à ne pas voir son reflet, tout en la laissant créer un embrasement qui vous entoure quand vous regardez votre visage dans le miroir.

Concentrez-vous sur votre image et essayez de vous regarder droit dans les yeux. Détendez-vous et écoutez votre souffle. Videz votre esprit en respirant comme si vous méditiez (voir page 36). Il vous faudra quelques minutes pour commencer à percevoir réellement votre aura éclairée par le rougeoiement que la bougie crée autour de vous. Souvenez-vous, vous verrez d'abord uniquement le rougeoiement de la bougie. Il faut de la pratique. L'image changera en fonction de votre humeur. Essayez donc d'effectuer de nouveau l'exercice quand vous êtes d'humeur différente.

Quand vous avez compris que la bougie éclaire votre aura, essayez l'exercice sans bougie. Concentrez-vous sur votre image dans le miroir et il se peut que vous voyez du coin des yeux le rayonnement de votre aura.

Le sourire d'une personne est davantage qu'un simple mouvement des lèvres. Vérifiez si la joie se reflète sur tout son visage.

LE SOURIRE

Le sourire révèle l'état de l'aura d'une personne. Regardez les sourires de vos amis et voyez si vous pouvez déterminer ce qu'ils expriment ainsi – de la politesse, du plaisir, de la délectation ou une véritable chaleur intérieure ?

Pratiquez en vous souriant dans le miroir et observez la différence quand vous souriez et quand vous restez sobre. Essayez de sourire pour des raisons différentes. Souriez parce que quelqu'un vous fait rire, parce que c'est une belle journée, parce que vous sentez intuitivement que le courant passe avec une autre personne. Regardez tous ceux que vous rencontrez dans la rue ou dans un couloir. Si vous l'osez, souriez-leur en premier et notez leur propre sourire aurique. Écoutez aussi le rire. Les rires différents expriment des personnalités différentes. Tout le monde rit et sourit, mais pas toujours par sentiment – les lèvres font les mouvements, même si les yeux ne s'éclairent pas. Essayez de voir au-delà du sourire.

DÉVELOPPER
VOTRE INTUITION

Souvent appelée le sixième sens, l'intuition – qu'on nomme aussi instinct viscéral ou même conscience psychique – est le principal sens qui vous permet de percevoir l'aura. Les autres sens – la vue, l'ouïe, l'odorat et le toucher – adressent des rapports à votre intuition intérieure, qui interprète les signaux que vous recevez. En développant une meilleure conscience de votre intuition, vous constaterez que lire des auras devient aussi naturel que lire un livre.

TECHNIQUES ET EXERCICES

1 *MÉDITATION*

Ouvrez votre champ énergétique à l'aide des techniques de méditation, qui vous rapprochent de votre voix intérieure et de votre intuition. Si vous créez en vous un centre paisible, vous vous rendrez compte que cet espace envoie automatiquement un signal à votre mental quand vous commencez à percevoir intuitivement l'aura d'une personne, et que l'interprétation est instantanée. La détente est précieuse tant pour le mental que pour le corps, et elle vous assure aussi que votre propre champ aurique est ouvert et réceptif.

Choisissez un endroit calme et libérez-vous pendant une demi-heure de la routine, du téléphone et des corvées. Asseyez-vous en tailleur sur le plancher, si vous êtes à l'aise ainsi; sinon, asseyez-vous sur une chaise. En gardant le dos droit, reposez vos poignets sur les genoux et formez un cercle avec le pouce et le médius. Fermez les yeux ou fixez-les sur une image, un cristal ou un point du plancher. Devenez conscient de votre respiration. En inspirant, essayez de vous libérer de toutes les pensées, à l'exception de la conscience de votre souffle. En expirant, mettez-vous à compter. Comptez jusqu'à dix, puis de nouveau à l'envers jusqu'à un, pour maintenir votre concentration. Si vous vous rendez compte que votre esprit vagabonde,

Méditez en un endroit calme, et videz votre esprit de toutes les pensées.

recommencez à un. Si au premier abord vous ne réussissez pas à méditer puisque vos pensées persistent à s'interposer, choisissez un mantra – un mot ou une phrase – que vous répéterez plusieurs fois, pour leur barrer le passage. Après quelque cinq minutes, votre respiration deviendra détendue et facile, votre corps se sentira parfaitement calme et votre esprit sera vidé de pensées et d'images. Seule la conscience de chaque moment, des sons ou des changements dans l'énergie qui vous entoure sera intensifiée. Écoutez le silence.

Quand vous vous sentirez prêt à sortir de votre méditation, ouvrez les yeux ou écartez votre regard de l'objet qui est devant vous, prenez une profonde respiration et dites-vous que vous êtes maintenant ouvert, détendu et que vous avez atteint la paix intérieure.

2 *TECHNIQUE DE VISUALISATION*

Vous pouvez effectuer cet exercice partout, dans un bus, au travail, en marchant dans la rue ou en étant assis tranquillement. Détendez-vous d'abord et respirez calmement, en utilisant pendant quelques minutes la technique de méditation susmentionnée pour vous assurer un niveau de réceptivité plus important.

Fermez les yeux et imaginez que vous marchez sur une longue route. Imaginez où vous étiez, ce que vous faisiez avant et pourquoi vous êtes là. À votre droite, il y a des champs, des rivières et un beau paysage, à votre gauche une grotte énorme, où vous décidez de vous reposer un moment. Dans la grotte, il y a un matelas doré. Quand vous vous asseyez, un faisceau chatoyant de lumière blanche et pure darde ses rayons sur vous à travers le plafond de la grotte. Vous fermez les yeux et quand le faisceau de lumière touche le sommet de votre tête, vous sentez le pouvoir de l'énergie vitale pénétrer dans votre corps. Imaginez la lumière circulant à travers vous et autour de vous, faisant le tour de chaque muscle et organe, atteignant tous vos membres, jusqu'à ce que vous la laissiez reposer dans la zone située en dessous de votre nombril, le hara. Votre propre énergie vitale a été accrue. Imaginez maintenant qu'elle a une couleur. Si vous êtes inspiré par le bleu, imaginez-la en bleu ; si vous êtes passionné par la vie, choisissez le rouge. En vous représentant la couleur, imaginez-la imprégner chacune de vos cellules et, en ce faisant, rayonner à travers votre corps et au-delà, devant vous, derrière vous, sur les côtés, au dessus et en dessous.

Vous êtes maintenant entouré par votre énergie vitale, la grotte est remplie de votre lumière. Levez-vous et sortez de la grotte. En marchant, vous émettez de l'énergie et vous apercevez votre couleur rayonner autour de vous. Imaginez que plus loin sur la route vous rencontrez un ami qui vient de sa propre grotte secrète ; imaginez à quoi ressemble son aura. Maintenant, imaginez que vous touchez son champ aurique avec vos mains. Quelle est la sensation, quelles couleurs pouvez-vous voir, quelle est l'odeur de cette personne et que pouvez-vous entendre quand elle parle ?

Écartez-vous progressivement de votre ami en emportant l'image de son aura. En vous détournant, avant de laisser l'image s'en aller pour de bon, imaginez sans forcer votre propre aura au repos, bien que rayonnant encore de votre corps. Ouvrez lentement les yeux et revenez à la réalité.

CHAKRA COURONNE
(ULTRAVIOLET)
CHAKRA DU TROISIÈME ŒIL
(VIOLET)
CHAKRA DE LA GORGE
(BLEU)
CHAKRA DU CŒUR
(VERT)
CHAKRA DU PLEXUS SOLAIRE
(JAUNE)
CHAKRA RACINE
(ROUGE)
CHAKRA SACRAL
(ORANGE)

ÉVEILLEZ L'ÉNERGIE DE VOS CHAKRAS

De nombreuses traditions spirituelles orientales affirment que le corps abrite un système énergétique, raccordé par sept centres énergétiques, ou chakras. Il existe sept chakras principaux (page de gauche) et bon nombre de chakras mineurs – sur les mains, les pieds, les coudes et les genoux, par exemple. Il est important de travailler d'abord avec les centres principaux. En développant la conscience du seuil de ces champs énergétiques qui sont en vous, vous commencerez à percevoir les chakras des autres gens. Augmentez votre prise de conscience des chakras en travaillant tour à tour avec chacun.

Commencez par le chakra racine. Asseyez-vous confortablement sur le plancher et placez vos mains derrière vous, vers la base de la colonne vertébrale, les paumes tournées vers l'intérieur, sans toucher le corps. En tenant les mains à une distance comprise entre 2,5 et 5 cm de votre corps, vous percevrez l'énergie émise par le chakra racine. Cette zone gouverne les reins, les dents, les ongles et les os.

Déplacez ensuite lentement vos mains autour de vous en montant vers le chakra sacral. Rapprochez-les au-dessus de la zone située sous votre nombril, les bouts des doigts se touchant, les doigts joints légèrement en coupe. Ce chakra laissera probablement une sensation humide, fluide et lisse, signe qu'il gouverne le système reproducteur, la région pelvienne et le système urinaire. Remontez lentement vos mains vers la région du plexus solaire, généralement chaude, parfois même brûlante. Ce chakra gouverne les intestins, le pancréas, le foie et le système nerveux.

Déplacez vos mains sur le chakra du cœur, où vous percevrez légèreté, chaleur et mobilité. Celui-ci gouverne la circulation et le thymus. Restez conscient de ces centres énergétiques importants et de la façon dont vous réagissez à leur contact, non seulement à travers votre toucher, mais aussi à travers votre sixième sens.

Passez maintenant vos mains tour à tour sur le chakra de la gorge et sur celui du troisième œil, qui gouvernent la communication et respectivement l'intuition. Finalement, en atteignant le chakra couronne, placez les mains sur votre tête et percevez l'afflux énergétique émis par la région en rapport avec votre moi spirituel le plus élevé.

CHAKRAS, COULEURS ET HORMONES

Chaque chakra est associé à une couleur particulière du spectre (voyez la page de gauche). Les chakras correspondent également à des glandes.

En 1989, des recherches menées sur la glande pinéale, située dans le cerveau, ont révélé que celle-ci est physiologiquement en rapport avec les glandes productrices d'hormones du reste du corps, et que l'emplacement de ces glandes correspond exactement à celui des chakras. La glande pinéale sécrète la mélatonine, qui influence le rythme circadien. Tout comme vos états physiques, émotionnels et mentaux changent sans cesse, de même les couleurs de votre aura changent ; les fonctions des glandes correspondent aux fonctions énergétiques et aux vibrations colorées subséquentes des chakras de l'aura.

RÊVES ET AURAS

Le travail avec les rêves vous permet de comprendre vos humeurs, de vous relier à votre voix intérieure et d'ouvrir vos canaux intuitifs. Vos rêves reflètent l'état de votre aura – et ils vous disent beaucoup de choses à propos de votre monde inconscient. Tout au long du XXe siècle, les hommes de science et les psychanalystes ont étudié les rêves et leurs significations. Jung, Adler et Freud ont eu des approches différentes quant à l'interprétation des rêves, mais ils étaient en principe d'accord sur le fait que le symbolisme en était plus important que tout.

Un certain travail de base sur les rêves vous fera prendre davantage conscience de votre monde intérieur et vous aidera à développer votre perspicacité et votre intuition. Les symboles peuvent être simples, des roses ou une chute dans la rue. Ce n'est pas la fleur ou la chute en elles-mêmes qui sont importantes, mais la signification des images.

Par exemple, les roses rouges apparues dans votre rêve peuvent symboliser que vous aimez profondément, que vous êtes rempli de joie et sans problèmes, mais cela peut aussi être une incitation à admettre l'importance de votre relation, tant à vos propres yeux qu'à ceux de votre partenaire. Ou bien vous êtes nerveux et inquiet à propos d'un travail que vous devez réaliser, peut-être présenter un projet devant une salle remplie d'inconnus. Votre peur de l'échec, votre crainte de "trébucher", de n'avoir pas le contrôle de la situation devant des tiers, peut s'exprimer dans votre rêve sous la forme d'une chute gênante. Quand vous arriverez à voir au-delà de la représentation littérale et comprendre la signification de vos rêves, vous pourrez prendre des dispositions pour gérer la situation. Vous pouvez demander à un collègue d'écouter votre présentation et faire des critiques constructives, par exemple, ou décider de passer cinq minutes avant la réunion à effectuer des exercices de respiration profonde ou une brève méditation (voir pages 36-37) pour vous détendre et vous concentrer. Si, toutefois, vos rêves sont récurrents et désagréables, il se peut qu'ils soient le signe de l'existence d'un problème plus profond, qu'il faut résoudre ou mettre à jour. Déchiffrer ce que symbolisent les images ou les idées de votre rêve peut vous aider à découvrir vos véritables valeurs et besoins.

TENIR UN JOURNAL DES RÊVES

C'est une bonne idée de garder à côté de votre lit un crayon et un calepin pour noter vos rêves dès que vous vous réveillez. Même si un rêve particulièrement vivace vous réveille au milieu de la nuit, si vous n'en mettez pas immédiatement sur papier les principaux aspects, le plus souvent le matin vous l'aurez oublié. Notez tout événement, couleurs ou images qui semblent avoir une signification, car cela vous aidera à interpréter votre rêve.

Évidemment, certains types de rêves n'ont pas besoin d'être analysés – ce sont généralement des vestiges des événements du jour précédent. Vous pouvez soit consulter un thérapeute pour une analyse détaillée de vos rêves, soit utiliser le travail de développement de tous vos sens pour un décryptage rudimentaire.

SENTIMENTS

Essayez de vous remémorer les sensations et les sentiments que vous avez ressentis en rêve. Étiez-vous heureux, triste, inquiet, insouciant ? Aviez-vous chaud, froid, étiez-vous mal à l'aise ou détendu ? Notez tout dès que possible, ainsi que votre état au réveil..

GENS

Soyez conscient des gens, ou des types de gens, qui apparaissent régulièrement dans vos rêves. Même si vous les avez croisés dans votre quotidien, ils représentent des aspects différents de vous-même. Si vous êtes timide et introverti, si vous rêvez sans cesse d'un ami sûr de lui, c'est probablement une indication de votre envie de devenir pareil.

ASSOCIATION LIBRE

Si vous n'avez pas l'habitude d'analyser les rêves, essayez de pratiquer l'art de l'association libre. Commencez en utilisant une image simple, disons une tasse sur votre bureau. Pensez immédiatement à une chose qui lui est associée – la première idée qui vous vient à l'esprit – puis passez à d'autres associations. Par exemple, tasse – lait – vache – pâtures alpines – avalanche. Cela vous aide à voir au-delà d'un symbole direct, qui est probablement le signal inconscient des sentiments plus profonds. Le même principe s'applique dans un rêve. Vous arrivez à un croisement de chemins et regardez le poteau indicateur. L'association symbolique habituelle de cette image est que vous vous trouvez à un moment décisif de votre vie – vous devez prendre une décision ou faire un choix, par exemple concernant l'orientation de votre carrière professionnelle ou l'aboutissement d'une relation

COULEURS

Familiarisez-vous avec la symbolique des couleurs – utilisez la méthode des associations libres ou l'encadré en dessous des couleurs les plus fréquentes dans les rêves. Si vous rêvez en couleurs, il est tout à fait possible que celles-ci soient reproduites par les couleurs de votre aura.

COULEURS DU RÊVE

Rouge	Vous ressentez une passion – amour ou haine – pour quelqu'un.
Orange	Vous voulez être remarqué ou être le centre de l'attention. Le temps est venu de croire en vous-même.
Jaune vif	Vous avez besoin d'exprimer votre créativité ou de développer vos talents.
Vert	Vous avez une attitude positive envers la vie, signe de guérison intérieure.
Bleu très foncé/noir	Vous vous sentez démoralisé ou déprimé.
Bleu clair et bleu vif	Vous êtes sensible et intuitif.

IMMERSION AURIQUE

C'est une bonne idée de consacrer de temps à autre une journée entière au développement de tous vos sens. Le plus beau est que vous n'êtes pas obligé de prendre une journée de congé et que nul n'a besoin de savoir ce que vous êtes en train de faire. Suivez juste le "programme" esquissé ci-dessous et adaptez-le à votre agenda.

AU RÉVEIL

Ouvrez les yeux lentement, en essayant de ne pas fixer le regard sur quoi que ce soit, et devenez conscient de ce qui se passe autour de vous. Votre vision périphérique est maximale à votre réveil, alors profitez-en et percevez ces choses qui sont dans votre champ visuel, même si elles ne sont pas nettes. Par exemple, que voyez-vous quand vous vous regardez pour la première fois dans le miroir, les yeux vagues ?

AVANT LE PETIT-DÉJEUNER

Si vous en avez le temps, asseyez-vous calmement pendant quelques minutes et suivez les principes de base de la technique de méditation décrite aux pages 36-37, qui vous préparera pour votre journée de conscience aurique. Plus vous êtes détendu et ouvert, plus vous avez des chances de percevoir les auras, non seulement celles des gens, mais aussi celles des plantes et des animaux.

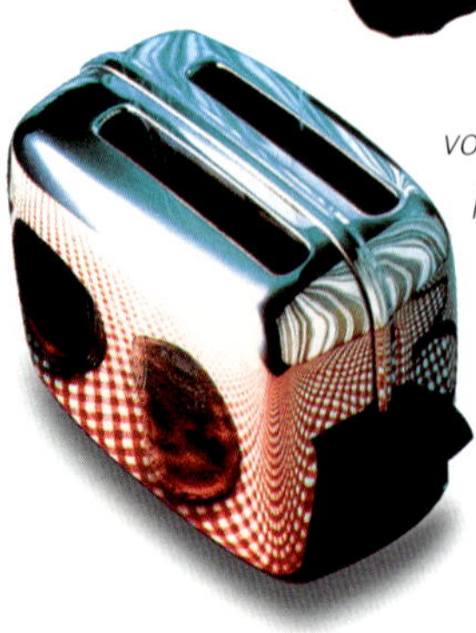

PETIT-DÉJEUNER

En versant le thé ou le café, en préparant des tartines, en mangeant du yaourt ou des céréales, écoutez les bruits que vous faites. Soyez réellement conscient des tasses cognant contre leurs soucoupes, du vacarme de la radio, du lait qui gargouille quand vous le versez dans votre tasse, de la bouilloire en ébullition. Vous prenez aussi davantage conscience des sons, et l'acuité de votre ouïe augmente. Vous enregistrez aussi certaines vibrations dont vous aimez le son, et d'autres qui vous déplaisent. En mangeant, regardez les couleurs des aliments, de la table, des vêtements que vous portez et décidez lesquelles vous aimez et lesquelles vous détestez. La conscience des couleurs est un facteur important pour l'interprétation des informations données par les sens et la lecture des auras ; habituez-vous donc d'abord à vos choix personnels dans ce domaine.

SE RENDRE AU TRAVAIL

Sur le chemin du travail, commencez à intensifier votre conscience des autres. Si vous utilisez les transports en commun, vous avez l'avantage d'être entouré par beaucoup de gens. Notez mentalement la sensation que vous procure chaque personne qui pénètre dans votre espace aurique. Il se peut que vous n'arriviez toujours pas à voir l'aura, mais vous avez maintenant assez de pratique pour prendre en compte les autres sens. Les gens diffusent-ils un air d'assurance, une impression d'arrogance, une sensation de tristesse ? Qu'y a-t-il à propos de leur chevelure ou de leur sourire qui vous fait plaisir ou qui vous met mal à l'aise ?

Si vous allez à votre travail en voiture, ouvrez la vitre pour entendre certains des sons extérieurs. Quel bruit fait la circulation ? Est-elle assourdissante et nerveuse, ponctuée de coups de klaxon et de grincements de freins, ou s'agit-il plutôt du bruit incessant du vent engendré par les voitures filant à toute allure ? Pouvez-vous distinguer autre chose que le bruit de la circulation, peut-être le chant des oiseaux ou la musique venant d'autres voitures ? Que vous plaît le plus ou le moins à propos de ces sons ?

AU BUREAU

Même en travaillent, gardez vos sens en alerte. Si vous parlez tout le temps au téléphone, écoutez les voix à l'autre bout du fil. Que vous communique la qualité des voix, au-delà des mots ? Notez tout changement dans les parfums ou les déodorants que portent vos collègues, et essayez de définir le type d'odeur. C'est le moment du jour où le rythme circadien est généralement à son apogée, vous permettant de vous concentrer avec précision sur les idées et d'être créatif. Profitez-en pour tester vos pouvoirs auriques.

L'ÉNERGIE RAYONNANTE

À la pause café, demandez à un ami de faire un simple test aurique avec vous. En vous rapprochant, mettez vos mains en coupe et tendez-les vers lui, en tentant de "sentir" l'énergie rayonnant de son corps.

L'ÉNERGIE DES PLANTES

De nombreux bureaux sont parsemés de plantes. Si l'état des plantes n'est pas évident au premier coup d'œil, utilisez votre toucher aurique pour voir si elles sont robustes ou sur le point de se faner. Mettez vos mains en coupe autour des feuilles ou des fleurs de la plante. Ressentez-vous une chaleur, signalant qu'elles s'épanouissent, un froid, indiquant qu'elles ont besoin d'attention, ou rien du tout – ce qui veut dire que la plante est presque morte ?

LANGAGE CORPOREL

Entrainez-vous à observer le langage corporel. Observez vos collègues au cours d'une de ces longues réunions auxquelles tout le monde participe, la façon dont ils sont assis et dont ils parlent. Sont-ils agressifs, penchés en avant sur la table, ou sont-ils passifs, préférant se caler sur leur chaise et participer peu à la discussion ? Gesticulent-ils ou trouvent-ils difficile de communiquer leurs pensées ? Que croyez-vous apprendre ainsi de l'état de leurs humeurs, émotions et pensées ? Le langage corporel donne d'importantes indications qui vous aideront à développer votre intuition.

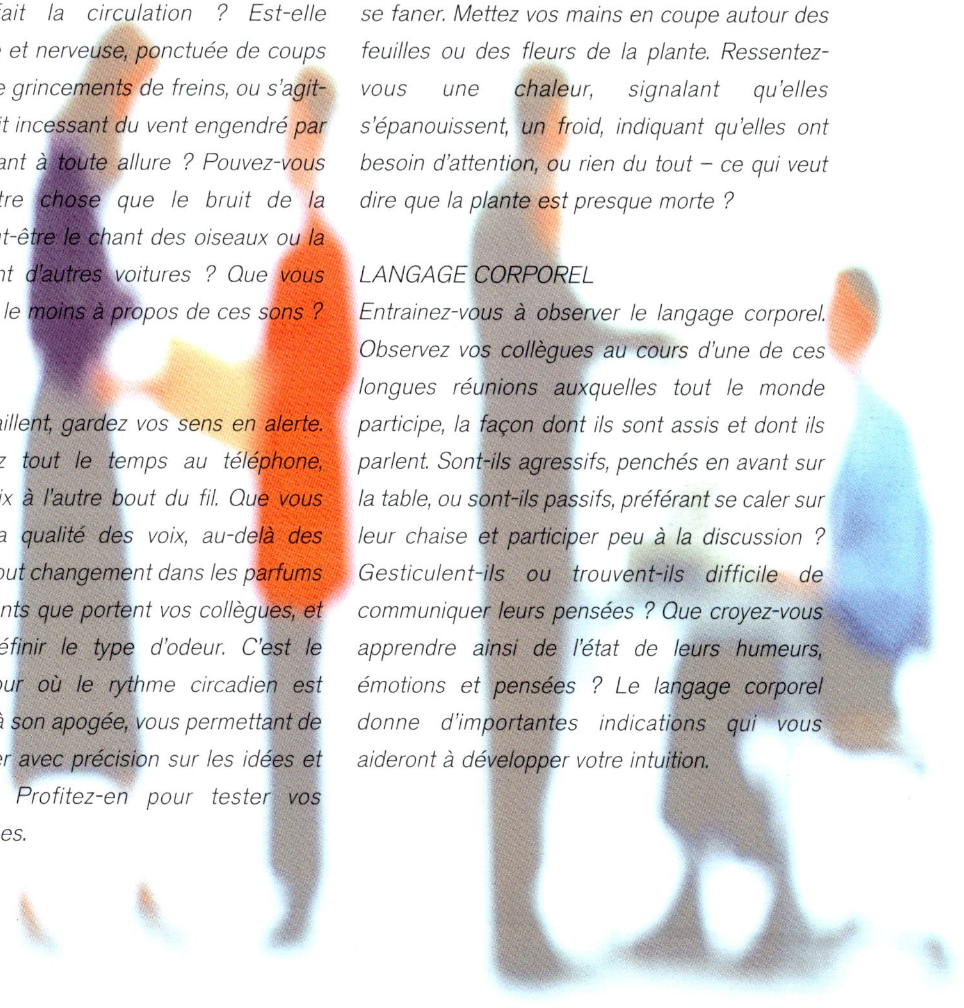

Se détendre dans un bain chaud revivifie votre énergie aurique après une journée fatigante.

PAUSE DÉJEUNER

L'après-midi, vos qualités perceptives et votre rythme diminuent, suivant les cycles normaux du corps, ce qui vous offre l'occasion de purifier et de vivifier votre champ énergétique aurique, qui a absorbé les énergies des autres toute la journée. Souvent, les gens n'ont pas le temps de déjeuner et avalent un sandwich sur le pouce. Si c'est possible, essayez de sortir pour respirer un peu d'air frais. Si vous ne le pouvez pas, restez tranquillement assis pendant quelques minutes à votre bureau, sans être dérangé.

Pour rajeunir votre aura, restez debout, ou asseyez-vous confortablement, et respirez lentement et profondément. Imaginez un losange de lumière tourbillonnante chatoyant vers vous. À mesure qu'il se rapproche, imaginez qu'il étreint votre corps, vous enveloppant totalement dans sa lumière d'un blanc immaculé. Imaginez ensuite que l'énergie vous masse doucement, de la tête aux pieds. Quand l'énergie passe sur votre corps, essayez d'imaginer qu'elle vous purifie et vous vivifie. Lorsqu'elle atteint le sol, laissez-la quitter votre corps.

RENTRER CHEZ SOI

Sur le chemin du retour, préparez-vous à la soirée détendue qui vous attend. Si vous habitez en banlieue, essayez de rester calme, de ne pas vous énerver et de ne pas gaspiller une énergie précieuse en vous frayant un passage pour rentrer. Si le trajet est long, vous serez probablement fatigué et stressé ; évitez donc de vous ouvrir aux champs énergétiques des autres, car il se peut qu'ils soient aussi diminués que le vôtre, ce qui aura un effet épuisant, négatif. Si vous sentez qu'une énergie inhabituelle se dirige vers vous, ouvrez-vous à elle seulement si vous êtes certain d'être détendu et objectif au sujet du message qu'elle émet. Autrement, concentrez-vous sur ce que vous pouvez entendre, humer, voir et sentir intuitivement. Que vous dévoilent les voix, les odeurs et le langage corporel des gens ?

À LA MAISON

Consacrez la première heure à vous libérer de votre stress. Faites-vous couler un bain chaud, y rajoutant peut-être une huile aromatique, ou pratiquez les techniques de visualisation décrites à la page 37. Prenez ensuite quelques minutes pour réfléchir à la sensation que procure l'eau au contact de votre peau. Est-elle douce, caressante et soyeuse, ou est-elle dure et froide ?

LE SOIR

En préparant le dîner, appréciez la texture des différents aliments – la fine pelure des oignons, la surface lisse et ferme des poivrons, les lamelles veloutées des champignons. Évaluez aussi les diverses couleurs. Quand vous vous mettez à cuisiner, profitez des arômes et essayez de vous remémorer des événements, des gens et des souvenirs anciens en rapport avec ces odeurs.

Si vous dînez dans un restaurant, vous pouvez contrôler les auras de vos amis, des autres personnes qui s'y trouvent ou des serveurs, en utilisant votre sens préféré ou une combinaison des cinq sens. Quelle est l'odeur du serveur ? Sent-il seulement la cuisine, ou porte-t-il son propre effluve épicé ? Les inconnus à la table voisine sont-ils bruyants, ou leurs voix sont-elles discrètes, basses et douces ? Dans chaque cas, que pensez-vous que vos impressions vous apprennent à propos de ces gens ?

Si vous passez une soirée tranquille chez vous, essayez quelques exercices de vision périphérique (page 33), puis tentez de voir l'aura d'une bougie ou même la vôtre (page 34). Si vous êtes avec un ami, vous pouvez essayer de discerner son aura en utilisant la "posture d'oignon" (page 34).

PRÉPARATION AU SOMMEIL

Avant de dormir, étendez-vous et fermez les yeux. Respirez profondément et videz votre esprit, vous concentrant uniquement sur vos inspirations et expirations. Quand vous êtes détendu, réfléchissez aux impressions de la journée. Quelles personnes vous ont laissé une forte impression, que semblaient-elles communiquer et comment avez-vous réagi à leur présence ? Quels sont les sens qui vous ont paru les plus faciles à utiliser ? Votre aura était-elle remplie d'énergie par la présence d'autres gens ou vous sentez-vous mal à l'aise et menacé ? Il est important de vous poser ces questions, afin de déterminer exactement quel est le stade de développement de vos sens.

Au lit, prenez quelques minutes pour réfléchir à vos sentiments à propos des gens que vous avez rencontrés dans la journée, et aux impressions qu'ils vous ont laissées.

CHAPITRE TROIS

L'AURA ET LA COULEUR

Les couleurs de votre aura sont des vibrations d'énergie, des lumières tourbillonnantes de particules émises par votre champ énergétique. La physique quantique affirme que toutes les choses de l'univers connu sont formées de vibrations énergétiques. Ces vibrations génèrent des ondes qui, ensemble, forment le spectre électromagnétique. Celui-ci comprend les ondes radio, les infrarouges, la lumière visible, les ultraviolettes, les rayons X et les rayons gamma. La longueur d'onde est la distance entre deux crêtes successives de la même onde ; la fréquence est le nombre d'ondes par seconde. Plus la longueur d'onde est élevée, plus la fréquence est basse.

Les couleurs que les êtres humains sont capables de voir se rangent de la plus basse fréquence à la plus élevée – rouge, orange, jaune, vert, bleu, indigo, violet et ultraviolet. Ainsi, la lumière rouge a la longueur d'onde la plus élevée et la fréquence la plus basse, l'ultraviolet a la longueur d'onde la plus basse et la fréquence la plus élevée du spectre visible. Le niveau de fréquence de l'aura se situe juste au-delà du spectre visible. Quand elles sont photographiées, ou quand elles sont littéralement "vues" par l'œil humain entraîné à les percevoir, ces vibrations montrent un spectre complet de couleurs.

Au fil des millénaires, on a accolé aux couleurs certains traits de caractère. Les couleurs sont des guides de votre image globale et aussi de l'état de votre aura. Les gens très intuitifs peuvent voir la fusion et la transformation des couleurs en fonction de l'état holistique au moment respectif. Ils peuvent aussi voir si une couleur domine.

Chaque couleur de l'aura correspond à une certaine qualité reflétant votre personnalité, vos humeurs et vos sentiments. En apprenant davantage sur la signification des couleurs, vous pouvez interpréter les différentes qualités des autres sens. Chaque sens possède dix qualités spécifiques différentes, correspondant aux dix couleurs fondamentales formées par les combinaisons du spectre visible (voir page ci-contre). En utilisant vos autres sens, vous pouvez découvrir la couleur dominante de votre aura, ou de celle d'une autre personne, sans être obligé de la voir (voyez pages 80-91).

LA COULEUR ET VOUS

Pensez aux couleurs que vous aimez chez vous et à celles que vous préférez porter. Regardez les couleurs pour lesquelles optent les autres – leur choix de couleurs pour les vêtements et la décoration intérieure vous dira beaucoup sur leur personnalité. Ce que vous ressentez à propos de certaines couleurs vous révélera aussi des choses sur vous-même. En règle générale, si une couleur vous fait vous sentir bien, il s'agit d'une qualité – en rapport avec la couleur – que vous devez faire entrer dans votre vie maintenant.

Les vingt couleurs suivantes (pages 48-67) sont un exemple des innombrables nuances et tons du spectre des couleurs. Ce sont les plus susceptibles d'apparaître dans l'aura. (L'interprétation de votre aura, au chapitre 5, utilise seulement dix couleurs fondamentales pour ne pas compliquer les choses.) Quand vous commencerez à interpréter les couleurs, souvenez-vous que chaque personne perçoit le monde en fonction de son propre sens de la réalité. Vos couleurs auriques sont individuelles et vous les montrez différemment des autres. Les interprétations suivantes sont seulement un guide général.

En apprenant à lire les auras, concentrez-vous sur les traits positifs associés à chaque couleur. Avec de l'expérience, vous pourrez prendre en compte les soi-disant traits négatifs. Ceux-ci sont plutôt un aspect exagéré des traits positifs et, comme ils sont accentués, peuvent provoquer un déséquilibre. Certaines combinaisons de couleurs apparaissent dans l'aura plus fréquemment que d'autres. Pour celles décrites dans les pages suivantes, l'interprétation part du principe que la première couleur est plus importante que la seconde. La lecture variera en fonction de l'équilibre des couleurs, qui peut s'établir n'importe où dans l'aura – les couleurs n'ont pas à être adjacentes. Ainsi, une personne dont l'aura renferme plus de bleu que de rouge aura une lecture différente de celle d'une personne chez laquelle le rouge domine le bleu.

LES DIX COULEURS FONDAMENTALES

Violet	Croissance spirituelle, imagination
Lavande	Le magique, l'allégresse
Turquoise	Inspiration, idéaux
Bleu	Intuition, sensibilité
Bleu vert	Liberté, compassion
Vert intense	Croissance, équilibre, ambition
Jaune	Excitation, optimisme, clarté mentale
Orange	Créativité, originalité, motivation
Rose	Tendresse, amour romantique, nostalgie
Rouge	Pouvoir, défi, passion, action

ULTRAVIOLET

TRAITS POSITIFS

Lorsque la vibration de l'ultraviolet est forte dans l'aura, elle indique l'inspiration, les visions et les rêves. Cette couleur annonce une puissante capacité psychique. La personne concernée peut ne pas être consciente de ce don si elle n'est pas d'ordinaire capable d'utiliser ses pouvoirs psychiques, mais le moment est excellent pour développer ses talents ou en faire usage. Si elle apprend à canaliser cette force puissante, elle ébahira par sa faculté clairvoyante ou sa perspicacité étonnante. Cette couleur apparaît d'habitude chez les gens très créatifs et inventifs, et signale l'originalité et l'excentricité.

TRAITS NÉGATIFS

Cette couleur peut indiquer que la personne est sous pression. La personne dont l'aura est dominée par l'ultraviolet trouve important de se montrer créative ou d'avoir un sens artistique développé. Elle représente les visions et les rêves qui prennent forme, ainsi que la capacité d'établir une prise de conscience intérieure d'un sens psychique. Ce genre d'énergie extraordinaire doit avoir un exutoire quelconque pour éviter l'accumulation du stress.

ASSOCIATIONS COURANTES

Ultraviolet et orange

Cette association apparaît souvent chez des gens très créatifs – concepteurs, peintres et poètes, par exemple. Mais ce sont des gens qui aiment aussi s'amuser. Ce n'est pas une combinaison de couleurs associée aux solitaires.

Ultraviolet et jaune

Ces couleurs indiquent un besoin de fréquenter des gens et de profiter du bon côté de la vie, d'éviter le stress et la pression imposés par des sources extérieures. Les objectifs doivent être originaux et créatifs. Pour développer leurs talents et s'en inspirer, ils ont besoin d'interaction sociale et de divertissement.

Ultraviolet et turquoise

C'est une combinaison souvent vue chez des gens en phase de "guérison" de leur vie. Ils ont besoin d'être seuls, mais n'ont pas de mal à s'occuper des autres avec compassion et une profonde sensibilité psychique. Ils ont besoin de temps pour travailler sur eux-mêmes, aussi bien que sur les autres. Les conseillers et les infirmières exhibent souvent ces deux couleurs.

VIOLET

TRAITS POSITIFS

Quand elle domine dans une aura, c'est une indication de la capacité à trouver un profond but spirituel à son existence, tout en révélant un sens d'humilité et l'acceptation des difficultés de la vie. La vision et la voyance y sont aussi indiquées. Le violet représente l'imagination puissante, la spontanéité et l'originalité frisant l'excentricité. La couleur est aussi associée aux gourous véritables et à la capacité d'aligner le mental, le corps et l'esprit, tout en gardant le sens de la nature transcendante des choses.

TRAITS NÉGATIFS

Un excès de violet dans l'aura signale un attachement exagéré au monde spirituel. La personne commence à se comporter en ermite, refusant de profiter des plaisirs ordinaires de la vie et se retirant dans un monde de religion et de spiritualité pour échapper à la réalité. Cette couleur peut aussi apparaître dans une aura si la personne est hypersensible et émotive, ou désire s'échapper dans le monde de ses rêves. Elle suggère parfois un introverti qui préfère les chimères à la réalité.

ASSOCIATIONS COURANTES

Violet et rouge

Cette combinaison apparaît souvent chez les individus charismatiques, tels que les acteurs, les leaders et les gourous, qui ont une présence forte exprimée sous la forme d'un mélange de dynamisme, créativité et foi en leur rôle. Elle se montre fréquemment quand les gens sont conscients de leur but dans la vie, passion stimulée par la perspicacité et la prise de conscience.

Violet et bleu clair

Les gens sensibles, les médiums et les voyants exhibent ces deux couleurs. Bien que ce soit une combinaison favorable à la perception intensifiée des sentiments des autres, elle peut épuiser la nature sensitive de l'individu. Une lutte intestine entre l'empathie et le besoin plus profond d'éloignement par rapport à la surcharge énergétique peut prendre place.

Violet et vert

Cette combinaison puissante indique la capacité d'utiliser l'imagination et de la fixer dans la réalité. Elle signale l'idéaliste pratique – qui sait comment créer des mondes magiques, soit en fiction soit en réalité, pour le bénéfice des autres. Ces couleurs sont typiquement associées dans les auras des leaders spirituels et des metteurs en scène.

INDIGO

TRAITS POSITIFS

Cette couleur symbolise d'habitude la capacité psychique, couplée à l'intérêt pour le mystère et la magie. Elle représente le monde imaginaire ainsi que celui spirituel. Généralement, elle marque une période où la contemplation et la réflexion à propos de l'avenir sont très significatives. Un éveil intense et profondément spirituel est aussi souvent indiqué par la couleur indigo. Si celle-ci domine dans l'aura, elle signale un désir d'évasion de la banalité de la vie de tous les jours et la quête d'une existence nouvelle et magique.

TRAITS NÉGATIFS

L'indigo dénonce parfois un besoin déclaré d'illumination spirituelle ou un désir obsessionnel de contact psychique. Il désigne la personne qui n'est pas encore arrivée à trouver un système de croyances ou une vérité intérieure, et qui se base beaucoup sur les pouvoirs psychiques des autres pour obtenir des réponses.

ASSOCIATIONS COURANTES

Indigo et vert

La détermination à réussir et une prise de conscience spirituelle délicate sont les marques de cette combinaison. On la trouve souvent chez les gens qui consacrent du temps aux autres d'une manière organisée et généreuse. Ils sont parfois ambitieux, mais pas égocentriques. Ils prennent soin de l'environnement et de la nature et s'occupent souvent d'une œuvre de charité ou de questions écologiques – ce sont des agresseurs gentils.

Indigo et blanc

Ensemble, ils représentent le besoin d'amour spirituel. On les voit souvent chez les gens qui ont trouvé leur âme sœur ou qui se sont voués à un leader spirituel ou à une religion.

Indigo et rose

Ces deux couleurs apparaissent fréquemment quand les gens tombent amoureux pour la première fois. C'est l'idéalisme et la conviction d'avoir trouvé l'amour parfait, ainsi que la naïveté de l'aveuglement à la réalité de ce qu'est vraiment l'amour.

LAVANDE

TRAITS POSITIFS

Quand cette couleur est prédominante dans l'aura, elle indique que la réalité et les affaires matérielles importent peu au moment respectif à personne concernée. La couleur lavande symbolise la réflexion, la méditation et la guérison. Elle indique le besoin d'harmonie et de paix, un moment calme pour faire une pause dans la foire d'empoigne des routines et des rituels quotidiens. La personne dont l'aura est dominée par cette couleur a une qualité presque magique, elle exsude un charisme sublime et est souvent plus heureuse en vivant dans son imaginaire.

TRAITS NÉGATIFS

L'inconvénient est qu'on peut s'attacher excessivement à son imagination et à ses rêves. Il y a généralement une tendance à prendre complètement ses distances avec les réalités de la vie quotidienne, ainsi qu'un désir presque effronté de laisser les gens deviner ses véritables motivations.

ASSOCIATIONS COURANTESS

Lavande et rouge

Ensemble, ces couleurs signalent une imagination passionnée. Cette combinaison apparaît fréquemment chez des gens dont la compagnie est épuisante, car ils sont dynamiques et inspirants à propos de toutes les choses détachées de ce monde, tout en se montrant rarement capables de donner vie à leurs idées et rêves. Ils vivent la tête dans les nuages, ont des visions et des projets magnifiques, mais sont incapables d'être pratiques.

Lavande et jaune

Cette association apparaît d'ordinaire chez les gens qui considèrent la vie d'un œil juvénile et enthousiaste. Ils ne semblent jamais avoir d'inquiétudes ou de problèmes et les contraintes ou l'anxiété sont généralement absentes de leur existence. Ils vivent la vie à fond, semblent rayonner la joie et introduisent l'espièglerie dans tout ce qu'ils ont à dire.

Lavande et ambre

L'association de ces deux couleurs dénote une approche intellectuelle de la guérison et la soif de savoir ce que fait fonctionner les autres. On la voit souvent dans les auras des psychothérapeutes ou des gens entamant des études artistiques ou intellectuellement difficiles.

BLANC

TRAITS POSITIFS

Le blanc dominant n'est pas nécessairement signe de sainteté. Traditionnellement, c'est la couleur de l'énergie curative spirituelle, apparaissant souvent davantage sous la forme d'un lavis nacré que d'une lumière pure ou transparente. Cette couleur opaque symbolise généralement une période où tout ce que fera la personne concernée aura un résultat positif. Le blanc est la couleur du progrès et de la prise de conscience, le signe qu'on atteint son objectif. C'est aussi la couleur de l'équilibre et de l'harmonie, l'alignement du côté terre-à-terre de l'individu avec son côté spirituel. Un aspect transparent signale des qualités télépathiques ou un contact fort avec les autres gens.

TRAITS NÉGATIFS

S'il y a des nuages significatifs de blanc d'un bout à l'autre de l'aura, on doit faire certains changements dans sa vie, pour découvrir quels sont ses véritables besoins et déterminer si un changement a vraiment lieu. Le blanc peut aussi signaler une personnalité dispersée, quelqu'un qui n'est pas certain de son identité ou qui joue plusieurs rôles, en fonction de l'interlocuteur. Une abondance de blanc dénote généralement le besoin de plus d'exercice physique et émotionnel.

ASSOCIATIONS COURANTES

Blanc et vert

Cette combinaison, signe d'ambitions équilibrées, apparaît souvent chez les gens qui ont atteint un tournant et savent où ils vont. Ils veulent le prestige et un sentiment d'autorité, tant dans leur vie personnelle que dans leur carrière professionnelle.

Blanc et or

Ces couleurs symbolisent la compassion, le pardon et la capacité de communiquer aux autres les aspects plus harmonieux de la vie. Les gens chez lesquels l'aura est dominée par ces couleurs rayonnent l'harmonie et le bien-être.

Blanc et bleu clair

Les gens loyaux et honnêtes, qui ont une vision claire des choses et un jugement solide, exhibent fréquemment cette combinaison de couleurs. Ils sont généralement paisibles, leur approche de la vie est enjouée et décontractée. Ensemble, ces couleurs symbolisent la sagesse, la prévoyance et une attitude pratique envers le travail et les projets futurs.

ARGENT

TRAITS POSITIFS

Couleur peu habituelle dans l'aura, représente la fertilité et la créativité. On la voit souvent dans les auras des femmes durant l'ovulation ; elle a une qualité vive et vibrante qui annonce l'énergie puissante et l'intégrité. Les médiums et les leaders spirituels diffusent fréquemment un éclat luminescent argenté, accompagné de violet et d'indigo. Chez les autres gens, une teinte argentée métallique est plus commune. Elle signale une période de fertilité, d'abondance et de confiance en soi. Elle fait son apparition dans l'aura lorsqu'on se sent d'humeur fantasque et rêveuse. L'argent peut indiquer l'implication dans une relation intime et un fort lien sexuel avec le partenaire.

TRAITS NÉGATIFS

L'argent, comme l'éclat de la lune, a des qualités réfléchissantes. Cette couleur caractérise parfois les gens qui reflètent les sentiments de tous ceux qui les entourent, et de ce fait ne peuvent pas compter sur leurs propres sentiments, ou même entrer en contact avec ceux-ci. Leur confiance en eux-mêmes est réduite peu à peu par cette absence de limites émotionnelles.

ASSOCIATIONS COURANTES

Argent et rouge

C'est une combinaison extraordinairement passionnée, symbolisant la sensualité et la perspicacité créative. Une énergie sexuellement attirante et pleine d'entrain est présente en abondance. Ensemble, l'argent et le rouge annoncent un esprit fécond et ardent, associé à une intuition puissante, le besoin d'être sous les feux de la rampe ou de se tourner vers des idées nouvelles et stimulantes.

Argent et orange

Cette combinaison apparaît chez les personnes calmes, moins extraverties, quand elles sont confrontées brusquement au choix d'une nouvelle carrière, ou quand un nouveau partenaire entre en scène. C'est la combinaison de couleurs du désir sensuel et de la fertilité.

Argent et marron terreux

Si on a le sentiment d'être une partie du monde et si on prend soin de l'environnement, l'aura comportera ces deux couleurs associées. Elles apparaissent souvent chez les gens pleins d'inspiration, capables de définir leurs idées et de les traduire en pratique, dont les convictions ont un rapport avec la nature, qui ont du respect envers eux-mêmes et le sentiment du devoir accompli.

BLEU FONCÉ

TRAITS POSITIFS

Cette couleur indique une conscience de soi forte et puissante. Elle représente le jugement solide, l'honnêteté et la fiabilité, c'est la couleur de l'avancée régulière, dépourvue de risques. Le bleu foncé apparaît souvent dans les auras des hommes d'affaires entreprenants, qui savent exactement où ils vont, qui sont ambitieux, mais aussi sensibles aux besoins des autres. Cette couleur est associée à la paix et la tranquillité, aussi bien qu'aux périodes de chance et de vie harmonieuse. Quand elle domine, c'est une période où les sentiments se libèrent et l'individu se lie avec les amis et les collègues, avec intelligence et honnêteté émotionnelle.

TRAITS NÉGATIFS

Le bleu foncé signale parfois une période où l'esprit a pris le pouvoir sur les sentiments. avec une surcharge subséquente des pensées et des projets. Les exercices de méditation et une autoguérison active peuvent se montrer particulièrement utiles. C'est le moment d'essayer d'entrer de nouveau en contact avec les sentiments. Mentalement, l'individu se sent stressé et n'est prêt à assumer aucune responsabilité ou engagement supplémentaires.

ASSOCIATIONS COURANTES

Bleu foncé et jaune

Cette combinaison signale une période d'optimisme pour l'avenir, ainsi que la capacité de porter des jugements solides et astucieux. C'est le bon moment pour profiter des nouvelles occasions. Les gens chez qui cette combinaison se manifeste doivent trier leurs priorités, décider lesquelles ont une valeur émotionnelle pour eux et lesquelles leur importent peu.

Bleu foncé et vert intense

Quand le travail et l'ambition sont capitaux, le bleu foncé et le vert intense apparaissent souvent ensemble. Ils dénoncent une tension et un stress extrêmes, un esprit surmené et le besoin de trouver du temps pour se détendre loin de la foire d'empoigne de la vie.

Bleu foncé et rouge pâle

L'aura des gens très intéressés par leur avenir – les perspectives de promotion, l'excitation à propos d'un changement de leur mode de vie – montre cette combinaison de couleurs. Celle-ci peut aussi apparaître quand les gens sont très impliqués dans une relation qui se passe bien.

BLEU CIEL

TRAITS POSITIFS

La sensibilité et l'imagination lui sont associés.. On le voit souvent dans les auras des peintres, des écrivains, des acteurs ou chez les personnes dont la profession est créative, l'imagination bien développée et qui ont – parfois – la tête dans les nuages. Le bleu ciel est le signe d'un fort instinct et, amalgamé à d'autres nuances de bleu, signale une intuition puissante, bien que la personne en cause puisse ne pas réaliser qu'elle possède cette qualité. Cette couleur peut également signaler une période d'accord parfait avec tous les gens qui entourent la personne en cause.

TRAITS NÉGATIFS

La connotation négative du bleu ciel se réfère à une période d'adaptation au monde, peut-être un moment d'insécurité et de doute de soi. Si c'est une couleur dominante dans l'aura, elle dénote parfois l'immaturité et le peu de désir d'avoir les pieds sur terre. C'est aussi le signe d'une personne trop accommodante ou trop disposée à écouter les opinions des autres, au lieu de formuler les siennes. Le bleu ciel apparaît généralement dans l'aura lors du démantèlement d'une relation.

ASSOCIATIONS COURANTES

Bleu ciel et orange

Cette combinaison désigne communément la vitalité et la surexcitation. La nervosité et un désir de communication intense et d'interaction sont présents, ainsi que le besoin d'utiliser une imagination puissante. Les leaders et les politiciens montrent souvent cette combinaison de couleurs, car l'aspect positif du bleu ajoute perspicacité et instinct à la nature extravertie de l'orange. Chez les autres, cette combinaison indique qu'ils ne peuvent pas s'empêcher de s'exprimer avec créativité et énergie.

Bleu ciel et rose

Les amoureux exhibent souvent le bleu ciel et le rose dans leur aura. C'est une combinaison de sensibilité et de passion violente, d'amour et de désirs enfants. Elle peut aussi désigner quelqu'un qui tombe aveuglément amoureux de l'amour, ou s'imagine qu'une autre personne est amoureuse de lui, même si ce n'est pas le cas. Ces couleurs apparaissent généralement ensemble quand les gens flirtent ou jouent les séducteurs.

BLEU VERT

TRAITS POSITIFS

Cette couleur est toujours associée à la compassion et à l'humanité. Traversant tant le spectre du bleu que celui du vert, c'est une couleur dualiste. Elle est sensible et raffinée, imaginative et aimable, mais aussi organisée et réfléchie, motivée et raisonnable. Elle se montre souvent dans les auras des gens qui utilisent leur nature curative ou compatissante dans leur travail. Le bleu vert indique une bonne santé et une nature équilibrée et sincère ; c'est aussi le signe d'une approche altruiste de la vie – tous les gens sont égaux et la liberté personnelle est très importante. Typiquement, les gens qui ont cette couleur dans leur aura savent comment développer les talents des autres et sont capables d'encourager et soutenir leurs amis et partenaires.

TRAITS NÉGATIFS

Quand cette couleur domine dans l'aura, elle peut symboliser le besoin de changement ou de transition, le passage d'une période sensible et obscure vers une autre plus organisée, plus diligente et extravertie. Les autres gens se tournent souvent vers ceux dont l'aura présente une couleur bleu vert forte – en attendant trop, ils les font se sentir piégés et reculer.

ASSOCIATIONS COURANTES

Bleu vert et rouge

Cette combinaison est associée à la passion, à la créativité et à la motivation. C'est le dévouement à une cause, ou le besoin d'unir ses forces avec quelqu'un pour créer une situation meilleure que la précédente. C'est une combinaison symbolisant l'optimisme et la détermination d'accomplir des choses, souvent rencontrée dans les auras des gens prospères, originaux, créatifs et néanmoins capables de mettre leurs idées en pratique.

Bleu vert et jaune

Un sentiment d'amusement et une nature chaleureuse sont les marques de cette combinaison. On la trouve chez les gens qui se consacrent sérieusement à la réalisation de leurs objectifs, tout en étant capables de se laisser aller et de se montrer drôles. Ils sont pleins d'entrain et attrayants, tant intellectuellement que spirituellement.

TURQUOISE

TRAITS POSITIFS

Cette couleur symbolise l'attitude positive envers soi-même et ses propres besoins. On veut aider les autres, fermement mais gentiment. Si le turquoise est dominant dans l'aura, les niveaux énergétiques sont élevés et l'exercice physique important. La personne répand un sentiment de paix et de tranquillité, duquel profitent souvent le plus les autres gens. Cette couleur apparaît généralement dans l'aura quand on se sent à l'aise en compagnie des autres, quand on peut se détendre et profiter d'une atmosphère paisible.

TRAITS NÉGATIFS

Si le turquoise est constamment dominant dans l'aura, il peut indiquer une obsession à propos de soi-même, ou un besoin désespéré d'être quelqu'un. La personne n'est souvent pas consciente de son besoin de réussir.

ASSOCIATIONS COURANTES

Turquoise et ocre brun

L'aura des gens qui se battent contre les conventions, de ceux dotés d'une nature rebelle, de ceux qui pensent d'une manière radicale qui changera considérablement la façon dont ils voient le monde, exhibe fréquemment cette combinaison. Il y a quelque chose d'inhabituel ou d'excentrique à propos des personnes chez qui ces couleurs dominent. Elles sont généralement inventives et égocentriques, tout en se montrant chaleureuses.

Turquoise et rose

Cette combinaison apparaît souvent dans les auras des gens amoureux. Elle symbolise la nostalgie et le désir romantiques, ainsi qu'un amour spirituel calme et réfléchi, plutôt qu'une passion et une liaison délirantes. On trouve ces couleurs chez les personnes qui se sont entichées d'un projet ou d'une personne, ou qui s'y sont impliquées.

VERT INTENSE

TRAITS POSITIFS

C'est la couleur de la fiabilité et de la véritable amitié. Plus le vert est fort, plus la personne est sûre d'elle et traverse probablement une période d'accomplissement et de réalisation. Le vert intense indique généralement une personnalité calme et imperturbable, quelqu'un capable d'aider les autres au cours d'une crise sans se laisser gagner par la panique. La personne exhibant un vert intense dans son aura, étant centrée et terre-à-terre dans le vrai sens du terme, est souvent plus heureuse près de la nature. Dotée de bon sens, d'un esprit astucieux et pragmatique, elle réussira dans les affaires ou dans tout domaine de son choix.

TRAITS NÉGATIFS

Une certaine tendance à ne pas prendre le temps de se détendre ou de laisser au corps une chance de se revivifier. Quand le vert intense est prédominant dans l'aura, on peut ressentir un désir tellement puissant de réussir dans le travail qu'on oublie les aspects plus personnels – les sentiments, la santé et les besoins du corps.

ASSOCIATIONS COURANTES

Vert intense et bleu ciel

Cette combinaison est présente chez ceux qui restent fidèles à leurs sentiments et à leur sensibilité, mais qui travaillent aussi en respectant des horaires et des dates limite précis. C'est le signe qu'ils sont capables de mettre en pratique leurs idées imaginatives.

Vert intense et rouge

Cette combinaison apparaît généralement dans les auras des gens prospères. Les leaders, les politiciens, les hommes d'affaires et les dirigeants de sociétés exhibent ces couleurs. La passion, la persuasion et les talents de communication sont couplés au réalisme pratique et terre-à-terre. Ce sont des gens qui prennent des risques, mais en vérifiant d'abord toutes les possibilités.

VERT CLAIR

TRAITS POSITIFS

Les qualités associées à cette couleur sont l'initiative et la capacité de progresser. On la voit dans les auras des gens ayant réussi financièrement ou dont le métier touche à l'argent. Quand une personne reçoit une augmentation de salaire ou une prime, le vert clair apparaît souvent dans l'aura. Comme le vert intense, le vert clair désigne une nature terre-à-terre et pratique, mais accompagnée d'ordinaire d'un aspect de la personnalité plus léger, moins grave, générant quasiment une impression de désinvolture quand la personne entre dans une pièce.

TRAITS NÉGATIFS

Le seul inconvénient signalé par le vert clair est un certain empressement à plaire aux autres, à sourire et à être d'accord avec tout ce qui est dit, au point de ne plus savoir ce qu'on préfère réellement soi-même. On peut devenir si pratique et si content de la vie qu'on ne pense même plus à ce qu'on dit ou aux raisons pour lesquelles on fait des choses.

ASSOCIATIONS COURANTES

Vert clair et bleu ciel

Quand ces couleurs sont associées, le talent artistique et la sensibilité à ce qui vous entoure sont grands. La combinaison est donc associée aux écrivains, aux peintres, aux musiciens et aux artisans. On la trouve souvent quand les gens se sentent inspirés et avertis de leur avenir. C'est une période où les gens peuvent progresser vers leurs buts, elle dénote un mode de pensée clair et une vision précise. Toutefois, elle n'implique pas nécessairement que le travail sera fait. On parle d'inspiration, pas d'aspects pratiques.

Vert clair et jaune

Souvent présentes dans les auras quand les gens sont communicatifs et capables de se divertir seuls, ces couleurs sont typiquement retrouvées chez les types sportifs et les personnes énergiques. Ils ont besoin de bouger, de parler sans cesse ou même d'entamer des conversations avec des inconnus. Les gens chez qui ces couleurs dominent constamment donnent l'impression de ne jamais rester tranquilles, sont impatients et souvent énervés s'ils ne peuvent pas voyager.

JAUNE CITRON

TRAITS POSITIFS

Cette couleur symbolise la vivacité, le bien-être général et le bonheur. Elle apparaît souvent durant une phase de réussite, quand la personne profite de tous les aspects de la vie. L'aura brille littéralement d'énergie positive, signalant la traversée d'une période de souplesse mentale et de réflexion logique. Le jaune citron est visible dans les auras des gens dont le sens d'orientation est fort, ainsi que dans les auras des personnes polyvalentes, capables de se concentrer en même temps sur plusieurs aspects de leur travail.

TRAITS NÉGATIFS

Le jaune citron signale parfois que la personne est inquiète au sujet de l'avenir, s'agite et hésite à propos d'événements qui sont sur le point de se produire. Il révèle aussi un esprit compétitif, mais qui pousse à recourir à la duperie et à la manipulation pour atteindre ses buts.

ASSOCIATIONS COURANTES

Jaune citron et orange

Bien que les gens présentant ces deux couleurs dans leur aura ont un esprit pratique, ils ont aussi tendance à être dogmatiques et très critiques à l'égard des autres. Ces gens pensent qu'ils doivent en quelque sorte être reconnus et peuvent se montrer pompeux et pétulants en société. Ils sont joviaux à l'extrême et comptent beaucoup sur la compagnie des autres, car ils ne peuvent pas se sentir heureux tout seuls.

Jaune citron et bleu ciel

Cette combinaison est caractéristique des gens qui ont une vision précise, qui sont intuitifs et se montrent sensibles au monde qui les entoure. Spontanés et enthousiastes, d'un naturel enjoué, ils s'expriment toutefois d'une manière presque distraite.

AMBRE

TRAITS POSITIFS

La personne qui cherche sciemment le changement et le développement exhibe souvent cette couleur dans son aura. C'est la couleur de la force et de la résolution, accompagnées d'une grande originalité et intelligence, bonheur et enjouement. Quand l'ambre est la couleur dominante, la personne a le courage de ses convictions et est persuadée qu'elle peut remporter toute discussion ou se tirer indemne de n'importe quel conflit. Cette couleur surgit souvent dans l'aura quand on postule pour un nouveau travail – et on doit faire bonne impression – ou quand on passe des examens ou des essais.

TRAITS NÉGATIFS

Le seul inconvénient de cette couleur est l'arrogance exagérée des gens dont elle domine l'aura, qui assument qu'ils inspireront tous ceux qui les entourent par leur charisme. On voit souvent cette couleur dans l'aura quand les gens sont persuadés de pouvoir rendre quelqu'un heureux, ou convaincre les autres de faire les choses "à leur façon".

ASSOCIATIONS COURANTES

Ambre et vert clair

Ces deux couleurs signalent la capacité de réussir et un sentiment de joie, associé à une tendance très originale ou excentrique. On les trouve dans les auras des personnes qui aiment leur travail et ne prennent pas l'avenir trop au sérieux. Elles sont détendues, prennent la vie telle qu'elle est, mais sont prêtes à toutes les surprises ou nouvelles occasions.

Ambre et rouge

Cette combinaison amalgame la passion et la volonté avec l'originalité et la détermination de réussir. Les gens dans les auras desquels ces couleurs dominent sont généralement en train de grimper vers le sommet de leur profession, sont en première ligne pour prendre des décisions importantes ou abordent un domaine nouveau.

ORANGE

TRAITS POSITIFS

La joie, l'amitié et les bons moments sont tous associés à l'orange. Celui-ci représente l'occasion, l'interaction sociale et la capacité de profiter réellement de la vie. C'est la couleur de la réussite et de la motivation, dénotant habituellement une personnalité extravertie ou quelqu'un qui aime être très en vue. Quand une personne est pleine d'énergie et de vitalité, l'orange apparaît souvent dans son aura. Il indique une attitude saine envers les autres, l'absence de l'envie de prendre le pouvoir ; néanmoins, si elle domine l'aura pendant de longues périodes, elle signale la réussite sur la scène publique. Quand l'orange est présent en brèves vagues dans l'aura, il désigne une personne vive et pleine d'esprit, prête à parler à tout le monde et réellement intéressée par ses interlocuteurs. L'orange symbolise la capacité de communiquer et de partager ses pensées sans le moindre souci.

TRAITS NÉGATIFS

La personne peut se montrer si enthousiaste à propos de tous les autres – amis ou collègues – qu'elle oublie ses propres besoins et valeurs. Cela conduit à un épuisement mental et physique, ainsi qu'à une coupure d'avec les émotions et les sentiments.

ASSOCIATIONS COURANTES

Orange et rouge

Ces deux couleurs apparaissent fréquemment dans les auras de ceux qui font preuve d'une volonté farouche, mais qui n'ont pas encore atteint le sommet de leur profession ou carrière. Quand les gens se sentent frustrés dans leurs efforts d'achever quelque chose – qu'ils ratent une promotion ou le bus après lequel ils ont couru – l'orange et le rouge sont présents pour de brèves périodes.

Orange et lavande

Cette combinaison indique un besoin de paix, de joie et de tranquillité, bien que ces personnes soient toujours vives et pleines d'entrain – elles ont seulement besoin de recharger leurs batteries. Ces couleurs font leur apparition quand les gens sont sur le point de prendre des vacances, tout en gardant à l'esprit les problèmes du travail, ou en ayant l'impression d'être indispensables.

CUIVRE

TRAITS POSITIFS

Cette couleur est associée à la Terre, au sentiment d'être enraciné et pratique à propos de tous les aspects de la vie. L'enthousiasme pour les projets de ce monde est présent, associé à une nature pragmatique et diligente. Les gens qui restaurent ou redécorent leurs maisons, qui transforment leurs jardins ou s'impliquent dans des projets artisanaux présentent souvent un peu de couleur cuivre dans leurs auras. Ceux chez qui cette couleur domine ont souvent des professions où l'autodiscipline et le dévouement sont des conditions préalablement nécessaires au succès. Le bon sens et la tendance à respecter les convenances sont aussi souvent associés à cette couleur.

TRAITS NÉGATIFS

La couleur cuivre apparaît parfois dans les auras des gens qui n'ont pas envie de changer quoi que ce soit dans leurs vies ou améliorer leur situation – leur travail est généralement sédentaire. Ces gens n'avancent plus et ne désirent pas être inspirés ou brûler d'enthousiasme. Ils ont l'impression que la vie est ennuyeuse et que rien ne leur arrivera jamais.

ASSOCIATIONS COURANTES

Cuivre et jaune

C'est une bonne combinaison pour l'optimisme et le tact. Elle signale les gens capables de faire montre d'enthousiasme et de motivation, tout en étant également prêts à écouter ; ils se montrent discrets. Elle apparaît généralement dans les auras des diplomates, des avocats et des gens qui travaillent dans les relations publiques.

Cuivre et bleu foncé

Ces couleurs sont souvent présentes dans les auras des gens qui ont découvert leur besoin de suivre une nouvelle direction et préfèrent prendre les choses à leur rythme. Ils sont honnêtes, ont une approche éthique du travail, on peut s'appuyer sur eux et leur faire confiance dans un moment de crise. Cette combinaison apparaît fréquemment quand les gens prennent des décisions importantes ou réévaluent leurs objectifs.

ROSE

TRAITS POSITIFS

Les diverses nuances de rose apparaissant dans l'aura signalent généralement la présence de la chaleur, de l'amour, de l'harmonie et d'un sens de la vocation. De larges zones de rose dans l'aura indiquent que la personne entretient une relation passionnée – le rouge fait aussi son apparition. Si le rose est presque iridescent, s'il est vif et net, c'est un signe de luxure et de désir sexuel. Quand ils tombent amoureux pour la première fois, les auras de beaucoup de jeunes gens présentent une flambée de rose. Parfois, le rose apparaît quand une personne ressent de l'amour pour ses amis, ses enfants, ses parents. Ce sera plus vraisemblablement un rose chaud, avec un soupçon d'orange tirant sur le jaune. Le rose très pâle, avec des teintes tirant sur le bleu, indique l'engouement ; le rose saumon révèle que la personne est en accord avec sa véritable vocation.

TRAITS NÉGATIFS

Un rose poussiéreux, sale, annonce que la personne a des aventures et est dépourvue du sens des responsabilités quand il s'agit de ses sentiments. Elle n'aime rien réellement, signe d'une attitude immature.

ASSOCIATIONS COURANTES

Rose et vert foncé

Les gens présentant cette combinaison de couleurs dans leur aura ont un tempérament bienveillant et montrent de la compassion envers les personnes qui ont des difficultés ou qui sont moins chanceuses qu'eux-mêmes. Ces couleurs apparaissent souvent quand les gens ont l'ambition de réussir et prennent un grand plaisir à tous les aspects de leur métier, que ce soit le travail lui-même ou les interactions avec leurs collègues.

Rose et blanc

Cette combinaison est présente chez les gens qui font preuve d'une forte spiritualité ou qui sont sur le point d'atteindre un point nouveau et harmonieux de leur vie. Elle signale les rêveurs ou ceux qui doivent s'occuper du côté spirituel de leur nature. Ces couleurs apparaissent souvent dans les auras des personnes qui ont très envie de tomber amoureuses.

ROUGE CLAIR

TRAITS POSITIFS

La joie, la féminité et la sexualité sont toujours associées à cette couleur. Si elle est dominante dans l'aura, la personne concernée est engagée dans une relation érotique, intensément sexuelle. Quand cette couleur est vive, une qualité de mystère et de fascination est toujours présente – on la trouve donc souvent dans les auras des personnes charismatiques, qui rayonnent le désir sexuel et dont la personnalité est magnétique. Le rouge clair n'est pas aussi impulsif et dynamique que les autres nuances de rouge, il est doux, sensible, presque serein. Les gens qui exhibent en permanence cette couleur dans leurs auras n'ont pas peur de s'exprimer à travers leur aspect sexuel ou sensuel.

TRAITS NÉGATIFS

Cette couleur peut dénoter un désir excessif de contact sexuel ou le besoin de prouver qu'on est très attirant sexuellement parlant. Elle apparaît aussi chez les gens qui doutent de leur sexualité ou qui se regardent sans cesse dans le miroir, incertains de leur identité. (Le rouge clair se montre fréquemment dans les auras des adolescents, particulièrement quand ceux-ci se préparent à leur première sortie.)

ASSOCIATIONS COURANTES

Rouge clair et orange

Avec leur merveilleux mélange d'enthousiasme pour la vie et de charisme naturel, les gens montrant cette combinaison dans leurs auras sont en même temps portés sur le sexe et chaleureux. Cette combinaison apparaît lorsqu'une personne s'engage dans une relation très sérieuse ; ou bien dans les auras des intellectuels qui savent comment profiter au maximum de leur vitalité sexuelle ainsi que de leurs autres talents.

Rouge clair et bleu ciel

Cette combinaison montre une capacité à être simultanément plein d'imagination et conscient des besoins des autres. Une grande sensibilité et humanité sont présentes, associées à un amour enjoué de la vie. Ces gens sont capables de s'amuser tout seuls et n'ont pas besoin de compter sur les autres pour être bien dans leur peau.

ÉCARLATE

TRAITS POSITIFS

L'intensité reflète un ego puissant et une volonté forte. C'est la couleur de la passion et du désir, aussi bien que celle du progrès et de l'accomplissement. Les gens plus âgés dont l'aura est dominée par cette couleur sont certains de leur direction et de leur but. L'écarlate montre une capacité à s'adapter facilement aux idées et aux projets futurs, et indique parfois une période où les plus grandes fantaisies et les rêves d'une personne peuvent profiter à son travail créatif.

TRAITS NÉGATIFS

Dans les auras des personnes plus jeunes, l'écarlate signale d'ordinaire la colère ou l'agressivité. Cette couleur peut marquer une période où la personne doit défendre ses points de vue ou soutenir son cas. L'écarlate apparaît aussi dans l'aura quand la personne est nerveuse, impatiente ou très inquiète.

ASSOCIATIONS COURANTES

Écarlate et cramoisi

Dans l'aura, l'écarlate mélangée au cramoisi signale d'ordinaire que la personne a été attirée dans une nouvelle relation passionnée. Cette combinaison peut aussi indiquer l'envie ou la jalousie.

Écarlate et jaune

Ce mélange peut apparaître quand une personne se berne elle-même sur les véritables motivations de son partenaire ou quand quelqu'un à qui elle pensait pouvoir faire confiance la trahit. Ces couleurs surgissent souvent lorsqu'il n'y a pas d'harmonie entre ce que les gens veulent et la réalité. Cette combinaison peut aussi dénoter une grande solitude, lorsque la passion pour la vie est diminuée par une réflexion excessive.

Écarlate et bleu ciel

La capacité intuitive, bien que pas toujours consciente, est associée à ces deux couleurs. Elles sont manifestes chez les gens qui ont tendance à se montrer grandiloquents à propos de tout, peut-être même en exagérant la situation. Ces personnes peuvent se sentir heureuses et perspicaces en ressentant un éclair d'inspiration à propos des événements – elles disent souvent "Je savais que j'avais raison."

BORDEAUX

TRAITS POSITIFS

Cette couleur intense apparaît souvent quand une personne passe par un changement professionnel ou tente de découvrir son orientation. Une abondance de bordeaux met en évidence l'enthousiasme dynamique, le besoin de se faire remarquer ou en quelque sorte connaître du monde. Elle symbolise aussi les sentiments profonds et le fait de prendre ses désirs pour des réalités.

TRAITS NÉGATIFS

La personne est prompte à s'emporter et impulsive, et désire assumer la responsabilité pour tous ceux qui l'entourent. C'est aussi une période d'essai pour la prise de décisions et la résolution d'une crise difficile. Les gens dont l'aura est dominée par cette couleur ont souvent des difficultés avec les sentiments et peuvent se montrer autoritaires et exigeants.

ASSOCIATIONS COURANTES

Bordeaux et bleu clair

Cette combinaison est présente chez les gens qui intérieurement ne sont pas sûrs d'eux, mais qui font parade d'une grande confiance en eux à l'extérieur. Ils peuvent se montrer incapables de prendre des décisions en ce qui les concerne, mais trouvent facile d'assumer la responsabilité pour tous les autres. Ces personnes offrent aux autres une épaule pour pleurer, et ceux-ci se tournent souvent vers elles pour résoudre leurs problèmes personnels.

Bordeaux et bleu roi

Les gens qui savent où ils vont dans la vie exhibent souvent cette combinaison dans leur aura. De telles personnes s'engagent sérieusement, avec une honnêteté et un jugement inébranlables. Soit la vocation est importante pour elles au moment respectif, soit elles sont prêtes à assumer un rôle plus exigeant à leur travail.

Bordeaux et rose fuchsia

Cette combinaison vive est associée au coup de foudre. Les gens rayonnent de bonheur et sont submergés par des sentiments très intenses. Ils peuvent même être obsédés par une personne qui ne les connaît pas – c'est une énergie puissante, utilisez-la avec sagesse.

INTERPRÉTER LES AURAS

Les couleurs aperçues à l'aide de la caméra d'imagerie aurique dépendent de l'état d'esprit du sujet, de sa personnalité et de l'équilibre entre mental, corps et esprit au moment de la prise du cliché. La caméra capture l'essence du moment en traduisant les impulsions électromagnétiques émises par les mains, qui reposent sur les plaques placées des deux côtés de la personne assise en face de l'objectif. Quand la caméra est mise en marche, elle combine les impulsions électriques des mains avec une photographie, généralement de la tête et des épaules, et montre l'aura dans des couleurs visibles sur un Polaroïd. Dans les pages suivantes, vous trouverez quelques exemples réels expliquant comment interpréter les motifs des couleurs de l'aura.

nom: Alex **âge:** 48

occupation: membre d'équipage à l'aéroport de Gatwick

Les couleurs violet et bleu vert dominantes indiquent qu'il vit dans un monde d'imagination et de rêves. Il préfère discuter actuellement de rêves et de miracles – même gagner au loto – plutôt que d'aspects pratiques ordinaires. Il se sent plus en sécurité dans son imaginaire et il se peut qu'il soit en train de développer ses facultés psychiques. Il a besoin d'une période de calme et de tranquillité pour recharger ses batteries physiques. Souvent, quand les gens présentent ces couleurs dominantes dans leurs auras, ils ont besoin de prendre mieux conscience de leur nature spirituelle. Il doit consacrer beaucoup de temps à la détente, à la réflexion et à la contemplation pour accepter sa nature émotionnelle.

nom: Dan **âge:** 24
occupation: étudiant en sociologie

Embrasée de rouge dynamique et d'un mélange de magenta et rose iridescent, l'aura de Dan montre qu'il est passionné et motivé en ce moment, impatient de vivre pleinement sa vie. Il traverse probablement une phase de prise de risques, déterminé à réussir, que ce soit sa carrière professionnelle ou ses relations. Son aura indique sa faculté naturelle à se trouver au bon endroit au bon moment. Son aura révèle une personnalité créative et charismatique, des pulsions sexuelles intenses, un ego fort et la volonté de réussir. Il est assuré et cède parfois à un désir impulsif de prendre rapidement des décisions.

nom: Rebecca **âge:** 25
occupation: rédactrice adjointe

L'aura de Rebecca laisse une sensation d'idées créatives, d'intuition et de désir passionné. Une combinaison équilibrée – le rouge foncé révèle son approche passionnée et pleine d'entrain de la vie, tandis que le rose pastel sa nature chaleureuse. Notez une zone de rose proche de son cœur, impliquant qu'elle est actuellement amoureuse, ou du moins dans l'état d'esprit pour le devenir. La gamme des bleus et de vert clair indique qu'elle se sent inspirée et sait exactement où elle va, bien qu'elle préfère éviter les aspects pratiques de la vie. En ce moment, elle se sent très créative et sensible au monde qui l'entoure – ce n'est pas l'aura d'une personne pragmatique, mais celle d'une personne pleine d'imagination.

nom: Clare **âge:** 37

occupation: styliste

Avec autant de blanc dans son aura, Clare ferait bien de développer ses talents intuitifs et psychiquesi. Elle fait montre d'une personnalité très caméléonesque, capable de s'adapter à n'importe quelle situation. Cette immense éclaboussure de blanc peut signaler qu'elle traverse un changement important. Le changement est nécessaire, mais il épuise son énergie. Elle doit faire davantage d'exercice physique ou équilibrer son mental, son corps et son esprit. Les violets et les bleu violacé de son aura affirment qu'elle peut créer autour d'elle un environnement magique. Elle est très perspicace, et si elle savait comment canaliser une telle énergie, elle serait presque télépathe. En ce moment, elle préfère vivre dans son imaginaire, où les rêves sont très importants.

nom: Owen **âge:** 18

occupation: étudiant en lettres

Son aura révèle sa personnalité d'une vitalité pétillante, extravertie, et sa capacité à communiquer et à s'entendre avec tout le monde, dans n'importe quelle situation. Il aime se distraire, est charmant, a un grand sens de l'humour et sa vie sociale est de la plus haute importance pour lui en ce moment. La présence d'un orange fort dans son aura suggère qu'il est créatif avec les mots et qu'il est capable de se concentrer durant de longs laps de temps. Cette couleur apparaît souvent chez les vendeurs et les écrivains. L'orange plus pastel suggère qu'il étudie sérieusement pour démarrer sa carrière professionnelle, qu'il peut se montrer discipliné et maître de lui quand c'est nécessaire. Le vert et le violet plus pâles signalent qu'il est sensible et compatissant, malgré sa nature effrontée et qui aime les plaisirs. C'est un idéaliste pratique, capable d'utiliser son imagination et de la fixer dans la réalité.

nom: Amy **âge:** 22
occupation: étudiante en maîtrise de régie théâtrale

Cette aura déborde d'amitié et de détermination à réussir. Les verts à droite de l'image suggèrent qu'Amy est digne de confiance et sans préjugés, qu'elle a grande foi en sa carrière, qu'elle est adaptable et désire essayer toutes les choses, du moins une fois. Les forts vert cendré indiquent qu'elle possède l'abnégation exigée pour avancer et atteindre les objectifs qu'elle s'est assignés. Les bleu vert plus pastel signalent son idéalisme à propos de ses relations. Elle soutient ses amis et collègues, actions indiquées par la zone de couleur abricot. Le passage de cette couleur vers le rose signifie qu'elle est amoureuse en ce moment ou qu'elle pense à l'amour.

nom: Kate **âge:** 36
occupation: infirmière/mère

Bien que cette aura montre un nuage de blanc, l'intensité du bleu autour de la lisière et la forte présence du gris tirant sur le vert et du violet l'emportent. Le gris tirant sur le vert suggère que Kate traverse actuellement une période où la prise de décisions concernant son avenir, et particulièrement ses relations, est difficile. L'éclaboussure de violet indique aussi qu'elle a commencé à travailler sur les aspects spirituels de sa vie et à prendre conscience de son monde imaginaire. Avec tellement de bleu foncé entourant son aura, elle est sensible aux besoins des autres et désire communiquer ses sentiments. Elle peut se rendre compte que les questions morales de sa vie exigent son attention. Elle a l'air de porter un grand poids sur les épaules, comme si elle était incapable de progresser sur la voie qu'elle a choisie avant que certaines responsabilités n'aient été réglées.

nom: Gary **âge:** 43
occupation: hôtelier

Le bleu vif intense et le mélange de verts et de jaunes indiquent une grande intégrité et une personne qui sait qu'elle a choisi la bonne orientation pour sa vie. Gary est compatissant, tout en restant fidèles dans ses sentiments, mais il met du temps à faire confiance à quelqu'un. Son aura contient une profusion inhabituelle de vert olive, indiquant un doute possible à propos des motifs des gens. Il peut se montrer parfaitement fiable dans son métier, mais il a souvent ses propres raisons pour prendre des décisions que les autres préfèrent éviter, car il doit avoir raison à n'importe quel prix. Il est très têtu quand il s'agit de faire des changements dans son environnement personnel, bien qu'il aime voir les autres changer le leur. Le peu de goût pour le plaisir est parfois un trait habituel pour cet équilibre de couleurs dans l'aura.

nom: Josie **âge:** 12
occupation: écolière

C'est une aura calme, quoique puissante. La zone de vert pâle et la qualité de toutes les couleurs dénotent une personnalité forte, qui a un but important dans la vie. Il y a très peu de trouble, ce qui révèle une personne en harmonie avec le monde naturel, ayant un sens du divin dans toutes les choses. L'aura de Josie montre que celle-ci est intuitive et a un niveau élevé d'achèvement mental. Utilisant son intuition pour prendre des décisions, elle peut profiter des occasions qui se présentent maintenant. La clarté de l'aura signale une réaliste. Elle est pratique et néanmoins assez sensible pour pouvoir utiliser ses ressources à la création d'un meilleur avenir. Sa nature est harmonieuse et la profusion de bleu clair suggère qu'elle peut communiquer sans problèmes et comprendre les autres gens et leurs besoins.

nom: Darren **âge:** 31
occupation: directeur du marketing et de la publicité

Cette aura présente un merveilleux amalgame de verts et de bleus, avec une pointe de bleu vert. Darren semble bien équilibré et mène actuellement une vie harmonieuse, mais son aura montre une certaine froideur et réserve. Les couleurs bleu vert suggèrent qu'il a besoin de beaucoup de liberté et d'espace en ce moment ; il n'est pas intéressé par une relation intime durable avec qui que ce soit. Il a seulement besoin de s'amuser davantage. Il est sensible mais pratique : il ne prendra pas risques dans sa carrière professionnelle, préférant se concentrer sur le travail en cours. Il est compatissant et humain envers ses amis et collègues, mais a un côté vulnérable et se sent probablement plus en sécurité si ses relations avec les autres sont distantes et désinvoltes, au lieu d'être proches et émotionnelles.

nom: Terry **âge:** 61
occupation: acteur

La symétrie de l'aura de Terry est le signe d'une personnalité diligente et consciencieuse. Il se peut qu'il soit incapable de se relier à son côté intuitif en ce moment, mais il y a une forte probabilité que, s'il le voulait, il pourrait développer ses capacités psychiques et télépathiques. Il est extrêmement sensible, mais ne l'admettra probablement pas. La présence importante des bleus et des bleus verts dénote une personne qui aime communiquer et qui a aussi besoin de beaucoup de liberté pour faire ce qu'elle veut. Terry a actuellement besoin de se reposer et de consacrer plus de temps au calme et à la tranquillité. Ce courant régulier de couleurs signale souvent une personne qui est plus heureuse quand elle est en mer, en train de pêcher ou simplement de passer son temps dans un bateau.

nom: Caroline **âge:** 44
occupation: professeur de mouvement/peintre et comédienne

La zone de couleur violette qui entoure le visage de Caroline est légèrement marbrée et une éclaboussure intéressante de blanc est présente autour de sa gorge. Elle est très sensible en ce moment et a besoin de prendre du temps pour se détendre et vivre tranquillement. Les zones de couleur turquoise indiquent qu'elle tente de découvrir ce qu'elle apprécie vraiment dans la vie. Le violet entourant son visage signale que son imagination est puissante ; elle est en harmonie avec ses idéaux, mais elle aura probablement du mal à être logique et à prendre des décisions difficiles. Le blanc autour de sa gorge montre qu'il lui est pénible de faire part de ses besoins dans une relation ou qu'elle doit développer sa voix. L'aura laisse une impression de douceur, qui signale qu'elle est extrêmement réfléchie.

nom: Wilf **âge:** 9
occupation: écolier

Les auras des jeunes enfants sont toujours fascinantes, tout simplement parce qu'elles sont si pures, dépourvues des responsabilités des adultes et de leurs complexes psychologiques. Wilf possède une aura vive, excitante et dynamique. Les oranges, rouges et jaunes indiquent qu'il déborde d'énergie nerveuse et qu'il a la pêche. Il est motivé et enthousiaste et s'ennuie probablement très facilement. L'hyperactivité est souvent présente lorsque ces couleurs sont visibles. Le besoin de diversité et de beaucoup de distractions est essentiel pour Wilf actuellement. La domination de l'orange jaune signale aussi un esprit puissant. La zone de bleu clair reflète sa progression vers la maturité – on la voit souvent chez les jeunes qui doivent développer leurs talents artistiques. La petite zone rose entourant son chakra du cœur montre à quel point il est affectueux et gentil, sous la personnalité extravertie.

nom: Sharon **âge:** 43
occupation: mère au foyer

Cette aura est très difficile à interpréter, car elle est troublée par les doutes et les craintes actuelles. Il se peut aussi qu'au moment où la photo a été prise Sharon ait été nerveuse à propos des résultats. Les nuages qui assombrissent la plupart de la tête peuvent indiquer qu'elle ne veut pas voir la vérité en ce qui la concerne ou qu'elle ferme les yeux à propos d'une chose de sa vie qu'elle doit évaluer ou à laquelle elle doit réfléchir. Les nuances roses tirant sur le violet de la lisière suggèrent qu'elle aime vivre dans son imaginaire, est créative et a besoin d'une relation tendre et chaleureuse. Si elle est effrayée par le résultat de la photographie, cela peut signifier que certains aspects de sa vie ont besoin d'attention. Serait-ce sa relation, sa carrière professionnelle ou la direction que prend sa vie ?

nom: Paul **âge:** 38
occupation: : directeur de la création dans une association musicale

Avec ses couleurs claires et expressives, l'aura annonce une attitude harmonieuse envers la vie et une personnalité assez accommodante et chaleureuse. La zone rose suggère qu'il vit actuellement une relation affectueuse et tendre, mais étant liée aux zones vertes de son aura, elle signale aussi que sa vocation est réelle. Les bleus pastel et les bleus plus intenses annoncent un esprit créatif et inspiré ; il œuvre avec diligence à développer une réflexion originale pour des projets futurs. La netteté des couleurs montre qu'il est motivé, mais pas impitoyable. Paul est en bonne santé et plein d'énergie, et son aura révèle une personnalité capable de traiter n'importe quelle crise. C'est un dirigeant calme, mais doté de suffisamment de perspicacité et de lucidité pour être certain de ne pas devenir arrogant, futile ou égotiste.

nom: Mari **âge:** 39

occupation: rédactrice

C'est l'aura d'une idéaliste pratique. Mari est capable de donner vie aux idées et de traiter n'importe quelle situation en utilisant sa perspicacité et son bon sens. Les larges zones de vert indiquent qu'elle est motivée et ambitieuse, bien qu'actuellement elle soit incertaine de la direction à prendre, ce que montre l'aspect nuageux de l'aura au-dessus de sa tête. Les teintes bleu vert signalent que l'amusement et l'interaction sociale sont très importants pour son bien-être. La liberté de prendre ses propres décisions est essentielle, sinon elle se sentira piégée. Bien qu'elle soit sensible aux sentiments et aux états d'esprit des autres personnes, elle croit devoir faire grande impression pour réussir, alors qu'en fait ses manières calmes et imperturbables et sa réelle compassion sont à la base de sa popularité et de sa progression. La petite zone rose sur sa poitrine annonce qu'elle est amoureuse ou ressent des sentiments intenses et chaleureux pour une personne chère.

nom: Hazel **âge:** 52

occupation: étudiante en politique sociale et administration \ mère

La clarté de l'aura de Hazel indique qu'en ce moment son approche de la vie est équilibrée. La zone de couleur presque potiron montre sa retenue et le fait qu'elle est capable de contrôler facilement la plupart des situations. En fait, elle a aussi besoin de garder le contrôle et ne sera pas heureuse si elle ne sait pas exactement ce qui se passe autour d'elle. Elle doit développer sa nature extravertie, sans s'inquiéter de ce que les autres pensent à son sujet. Ses talents pratiques et organisationnels sont révélés par les nuances vertes, mais avec autant de bleu apparent, Hazel est probablement extrêmement sensible aux états d'esprit et aux sentiments des autres et a du mal à entrer en contact avec ses propres valeurs et besoins. Elle est motivée et a des objectifs précis, mais elle se laisse probablement trop souvent influencer par les idées et les opinions des autres, au lieu d'écouter sa voix intérieure.

nom: Stuart **âge:** 27

occupation: journaliste

La vitalité et la rage de vivre sont manifestes. Les zones centrales de rouge vif dénotent la passion pour tout ce qu'il fait, ainsi que le côté impulsif et souvent fougueux de sa nature. Il aime bouger vite et prendre des risques. Il n'a pas le temps de s'inquiéter de ce qui s'est passé hier, demain est toujours plus inspirant et plus important. Les diverses nuances d'orange indiquent une personnalité extravertie et la capacité de frayer avec tout le monde. Il est ambitieux et peut se montrer impitoyable à propos de la progression de sa carrière. Ce que les autres lui disent a rarement de l'importance, mais il est loyal envers ses amis et passionné à l'égard de ceux auxquels il est vraiment attaché. La touche de bleu pâle de son aura et le rose pastel autour de sa poitrine signalent une vulnérabilité cachée et un côté créatif. Il est sensible, mais ne l'extériorisera pas, préférant se montrer mélodramatique.

nom: Dave **âge:** 61

occupation: négociant en matières premières

Bien qu'elle exhibe une combinaison habituelle de couleurs, l'aura de Dave est éclaboussée d'un badigeon de blancs et de nuances claires de toute la gamme de verts et de bleus. Il est concentré et précis en ce qui concerne ses besoins et ses ambitions actuels, mais préfère ignorer les motivations sous-jacentes des choix spécifiques qu'il fait en ce moment. Il doit se détendre et se divertir pour aboutir à un sentiment de développement de soi et connaître vraiment son côté spirituel et imaginatif. Il se peut qu'il soit déjà embarqué dans un voyage intérieur, mais il a besoin de ressentir un lien avec l'énergie qui est en lui, pas seulement de penser à elle. Son imagination et sa sensibilité sont puissantes – il s'intéresse réellement aux autres et aime être en bonne compagnie. Les routines plus ordinaires de sa vie quotidienne actuelle signifient probablement qu'il ne peut pas être aussi compatissant qu'il le voudrait.

LE VERDICT

Alex

Je me sauve des stress de la vie moderne par le rêve et l'évasion dans l'imaginaire. La référence à mon besoin de développer ma nature spirituelle est peut-être la reconnaissance du fait que je suis un sceptique..

Dan

Pratiquement en plein dans le mille. L'idée que je peux être au bon endroit au bon moment est particulièrement vraie ; je tombe souvent sur mes pieds. Cependant, je ne suis pas certain d'être particulièrement sûr de moi.

Rebecca

Bien que je sois encore sceptique, je dois admettre que mon analyse m'a semblé presque correcte. Je suis certaine de la direction que prend ma vie, et je pense que mon niveau de créativité est élevé, beaucoup d'idées attendant d'être mises en pratique.

Clare

J'ai vraiment pris plaisir à cette lecture et je peux me reconnaître en elle. Je suivrai le conseil de faire de l'exercice physique pour lutter contre la diminution de mon énergie. Peut-être que la prochaine fois qu'on photographiera mon aura, celle-ci sera un peu plus guillerette !!

Owen

Il est rassurant de savoir qu'en tant qu'idéaliste pratique doté de la capacité d'étudier assidûment je vais vers une carrière prometteuse, et je suis ravi d'entendre que je vais profiter d'une vie sociale pleine d'entrain.

Amy

Les analyses soulignent l'accent mis sur l'importance de ma carrière, à présent le point de mire de ma vie. Quant aux relations, je suis une réaliste, ce qui explique probablement pourquoi je suis actuellement seule.

Kate

Intéressant. Il m'a été facile de me rapporter à cette description. Mes relations sont dépourvues d'inquiétude. Infirmière, je me considère pleine d'humanité.

Gary

Je suis étonné par la justesse de l'analyse. Elle dit tout de ma personnalité. Je suis très impressionné !

Josie

Je ne savais rien des auras avant qu'on me photographie, mais je crois maintenant que c'est passionnant. Le nombre de choses qu'on peut apprendre en les interprétant est étonnant !

Darren

Je pense que l'interprétation est assez juste, elle décrit très bien mon état émotionnel actuel. Les garçons veulent juste s'amuser ! Globalement, j'ai été très impressionné, et je le conseille à toutes les personnes qui s'intéressant à ce genre de choses.

Terry
On dit que la vérité blesse, et dans le cas de la lecture de mon aura c'est certainement juste. Une lecture merveilleusement exacte et vraie.

Caroline
Une image juste, particulièrement en ce qui concerne la communication dans une relation. La "difficulté" d'une possible décision et le temps pour une introspection utile : ces points se sont ajoutés à des choses auxquelles j'ai réfléchi dernièrement. Mais je ne me considère pas déraisonnable.

Wilf
Kate, sa mère, dit : "Wilf est un enfant typique de neuf ans, plein d'énergie. Entre un frère aîné et un frère cadet, il n'obtient peut-être pas toute l'attention qu'il aimerait avoir. Il aime dessiner avec beaucoup de détails."

Sharon
J'ai été surprise par mon analyse. Je n'étais pas du tout nerveuse quant au résultat, j'étais confiante et heureuse. Ma relation est affectueuse et chaleureuse, et à mon âge je pense connaître la vérité sur moi-même. Je ne suis absolument pas la personne décrite.

Paul
Presque juste. On décrit bien mon état d'esprit et ma façon de travailler, et on met le doigt sur mes sentiments à l'égard de ma partenaire et de ma carrière. Une expérience révélatrice et poussant à la réflexion !

Mari
Ça me serait égal d'être cette personne ; j'imagine que c'est la clé du succès de l'analyse. Et cette personne me semble plus familière que toutes les autres que les analyses décrivent. J'admets que je suis intriguée. J'ai montré l'analyse à la personne responsable de la tache rose sur mon cœur, et il a dit "adorable".

Hazel
Jusqu'à récemment, ce domaine était nouveau pour moi. Je l'ai approché l'esprit ouvert, plutôt comme une exploratrice. Je peux voir un lien plausible entre le sentiment et la couleur, qu'on peut lire et interpréter. Chaque lecture est différente et unique, voilà ce qui est intéressant.

Stuart
Bien que beaucoup de mes véritables caractéristiques aient été indiquées avec précision, il y a suffisamment d'erreurs pour mettre en évidence "l'incertitude" de la méthode. Tous ceux qui me connaissent bien me disent que je suis la personne la moins mélodramatique qu'ils connaissent.

Dave
Je suis agréablement surpris par les trouvailles généralement correctes. Il est vrai que je n'ai pas encore exploité à fond mon potentiel. Et on a découvert, de façon si correcte qu'elle en devient alarmante, mon besoin de me détendre et de profiter davantage de la vie. C'est aussi juste que je suis imaginatif et sensible. Dans les grandes lignes, c'est une lecture juste et correcte.

CHAPITRE QUATRE

LES COULEURS DE L'AURA ET LES AUTRES SENS

Si vous avez œuvré au développement de tous vos sens, vous n'avez pas à faire appel à la capacité de voir physiquement l'aura ou à recourir à sa photographie. Vous pouvez maintenant commencer à interpréter les autres sens pour découvrir laquelle des dix couleurs fondamentales est actuellement la plus vive dans votre aura ou dans les auras de vos amis. Pour ce faire, vous devez étudier les dix mots-clés différents pour chaque sens : ouïe (pages 82-83), toucher (pages 84-85), odorat (pages 86-87) et intuition (pages 88-89).

Vous pouvez utiliser tous vos sens pour "voir" les couleurs d'une aura, pas seulement votre vue.

LIRE LES AURAS DES AUTRES GENS

Utilisez en premier le sens avec lequel vous êtes le plus à l'aise. Par exemple, si vous entendez sans difficulté les différentes qualités des voix humaines ou la diversité des sons musicaux, utilisez les mots-clés de l'ouïe pour interpréter l'aura d'un ami.

Lisez la brève description de chaque mot-clé et choisissez celui qui semble correspondre le mieux à la perception que vous avez de votre ami, que vous utilisiez votre odorat, votre toucher, votre ouïe ou votre intuition. Regardez ensuite le tableau de la page 91. Il vous montrera les correspondances entre les dix sons et les couleurs, ou entre les dix odeurs et les couleurs, et ainsi de suite.

Si vous décidez d'utiliser plus d'un sens pour découvrir la couleur dominante dans l'aura de votre ami – par exemple, si pour vous il n'y a pas une grande différence entre les deux sens avec lesquels vous êtes le plus à l'aise – vous constaterez probablement la présence de plusieurs couleurs intenses. C'est normal. Vous remarquerez dans les exemples d'interprétation de l'aura (pages 68-77) que des combinaisons de plusieurs couleurs apparaissent dans l'aura plus souvent qu'une couleur isolée.

Toutefois, quand vous lisez une aura pour la première fois, il est important de connaître d'abord les principes essentiels – la couleur que vous découvrirez en premier en utilisant votre sens préféré est donc la couleur la plus intense dans l'aura à ce moment-là. Bien entendu, la seconde couleur peut aussi être prise en compte. Quand vous vous habituerez à associer un certain nombre de lectures des couleurs, vous remarquerez que vous percevez plusieurs couleurs ensemble, sans avoir à les examiner séparément.

Lorsque vous avez fait correspondre le type de son, odeur, toucher ou intuition que vous avez perçu à une couleur fondamentale, d'après la liste des couleurs de l'aura, examinez les profils de référence appropriés (pages 92-101) pour découvrir l'état aurique actuel de votre ami et la façon dont celui-ci peut profiter de cette information. Vous pouvez aussi étudier les couleurs au chapitre 3 (pages 48-67).

COMMENT DÉCOUVRIR SA PROPRE COULEUR AURIQUE ACTUELLE

You can't exactly sit and listen to your own voice Vous aurez du mal à entendre votre propre voix ou humer votre propre effluve. Pour déterminer quelle est la principale couleur aurique que vous présentez en ce moment, utilisez les mêmes mots-clés, mais de façon différente.

Écrivez la liste des mots-clés pour chaque sens sur une feuille de papier et marquez 10 pour la qualité que vous préférez, 9 pour la suivante, et ainsi de suite jusqu'à 1 pour celle que vous aimez le moins ou qui vous est indifférente. Par exemple, parmi les mots-clés pour le son (page 83) vous préférez davantage les voix sexy – marquez 10 ; elles sont suivies par les voix vibrantes – marquez 9 ; passez en revue le reste des mots jusqu'à ce que vous arriviez aux voix graves, auxquelles vous êtes indifférent – marquez 1. Notez tous vos autres sens de la même façon. Puis additionnez les notes pour chaque couleur, en utilisant le tableau de la page 91.

INTERPRÉTER LES SONS

Lisez la brève description des qualités de base de chacun des dix mots-clés du son mentionnés ci-dessous et la façon dont elles se rapportent aux gens. Regardez ensuite l'encadré de la page ci-contre, qui vous aidera à découvrir la couleur de l'aura de votre ami ou celle de la vôtre.

Les voix *GRAVES* vous font vous sentir calme et parfois très terre-à-terre par leur basse profonde, souvent râpeuse. Les gens semblent pratiques, pragmatiques et discrètement ambitieux.

Les voix RONRONNANTES ont l'effet calmant, relaxant, du ronronnement d'un chat, donnant l'impression de pouvoir vous caresser par des paroles rythmiques. La personne semble sereine et détachée de ce monde.

Les voix qui MURMURENT rappellent le bruit des vagues clapotant sur une plage de galets ou celui des doigts traînant de long en large dans l'eau. Les gens dotés de ce genre de voix paraissent certains de ce qu'ils veulent dire et tout ce qu'ils disent semble parfaitement formulé.

Les voix SEXY sont exactement cela – indubitablement riches et sensuelles. Les personnes semblent passionnées et voluptueuses. Leur voix a une qualité vraiment magnétique et érotique, et leurs paroles sont langoureuses, musicales et expressives.

Les voix SOYEUSES sont douces, aisées et compatissantes. Derrière les mots il y a de l'affection et de la sagesse. Les personnes dotées de ce genre de voix donnent l'impression de vouloir écouter les autres et les encourager.

Les voix ARGENTINES ont un beau registre et sont harmonieuses, ajoutant une qualité musicale aux paroles. Les gens parlent calmement et lentement, sont sincères à propos de ce qu'ils disent ; c'est rare qu'ils fassent des histoires, se fâchent ou perdent le contrôle.

Les voix DOUCES vous réchauffent par leur empathie et leur tendresse et vous font vous sentir aimé. Ces personnes paraissent s'inquiéter vraiment du monde – et de vous – lorsqu'elles utilisent des mots bien intentionnés et soigneusement choisis.

Les voix MÉLODIEUSES sont enjouées, curieuses, chantantes, transmettant une impression d'honnêteté, de joie et d'amour de la communication. Les personnes paraissent enthousiastes à propos de la vie et semblent adorer explorer toutes sortes d'idées.

Les voix VELOUTÉES vous donnent l'impression d'être enveloppé dans ce tissu magnifique. Ces voix ont une qualité sensuelle, sensible et claire. L'imagination et la perspicacité sont notables – chaque mot prononcé est significatif.

Les voix VIBRANTES sont allègres, sifflantes, bourdonnantes et drôles à entendre. Les personnes propagent l'enthousiasme – elles font rayonner le bonheur dans leurs paroles. Souvent, il y a un crescendo de mots, couronné par le rire.

Selon votre humeur, vous pouvez préférer les notes vibrantes, plus profondes, d'un CD, aux sons argentins, légers, de l'eau.

MOTS-CLÉS POUR LE SON

Grave

Ronronnant

Murmurant

Sexy

Soyeux

Argentin

Doux

Mélodieux

Velouté

Vibrant

POUR VOTRE AMI

Pour découvrir la couleur de l'aura de votre ami en utilisant votre ouïe, concentrez-vous sur le son de sa voix. Choisissez le mot de la liste ci-dessus qui vous semble la décrire le mieux. Allez ensuite au tableau de la page 91 pour trouver la couleur correspondante.

POUR VOUS-MÊME

Notez les sons ci-dessus sur une échelle de 10 à 1 en fonction de vos préférences actuelles. Marquez 10 pour le son que vous préférez, et 1 pour celui que vous aimez le moins ou qui vous laisse indifférent. Faites de même pour les mots-clés des autres sens, puis additionnez vos notes pour chaque couleur en utilisant le tableau de la page 91.

INTERPRÉTER LE TOUCHER

Toucher l'aura d'une personne peut donner une sensation aussi piquante qu'un chardon ou aussi lisse que la joue d'un bébé.

Lisez la brève description des qualités de base de chacun des dix mots-clés ci-dessous, et la façon dont elles se rapportent aux gens. Regardez ensuite l'encadré de la page ci-contre pour vous aider à déterminer la couleur de l'aura de votre ami ou celle de la vôtre. Pour les interprétations, souvenez-vous que lorsque vous touchez une aura, vous touchez l'énergie de la personne respective.

FRAIS au toucher. Une impression dl'eau rafraîchissante. Ces personnes sont entourées d'un sens de calme et tranquillité, elles paraissent imperturbables et posées. Elles communiquent sans problèmes et véhiculent un sentiment de compréhension profonde.

PLAN au toucher. Une sensation de perfection, veloutée et lisse. Les gens véhiculent un sentiment de tranquillité et donnent l'impression de pouvoir guérir les autres. Une impression d'enchantement magique et le besoin que tout soit en harmonie autour d'eux sont aussi présents.

BRÛLANT au toucher. Une impression de puissance – ces personnes rayonnent la chaleur et une sensation d'énergie dynamique ou passionnée. Les personnes exsudant ce type d'énergie transmettent aussi un sentiment d'incitation et d'action. Leurs émotions sont puissantes, et elles ont un grand amour de la vie.

POLI au toucher. Une sensation de volubilité, d'éclat, d'ivresse, de clarté ou d'onctuosité. Un sentiment de distinction suave, de quiétude et de détente est présent. Les gens laissent une impression de conscience de soi et de pensée positive, ce sont des idéalistes gentils et pratiques.

RÂPEUX au toucher. Une sensation de perspicacité, de sensibilité vive, souvent endents de scie. Une impression d'insouciance, aussi bien que de vivacité et de bien-être. Les gens montrant ce type d'énergie sont souvent motivés et prospères, extravertis et ne craignent pas ce que leur réserve l'avenir.

RUGUEUX au toucher. Une sensation d'inégalité, de suffisance, d'irrégularité et d'imprévisibilité. Une impression de souplesse, de flexibilité et d'agitation. Les gens dont l'aura est rugueuse véhiculent un sentiment d'énergie illimitée, d'excitabilité et de formidable vitalité.

LISSE au toucher. La sensation est satinée ou soyeuse, l'énergie est onctueuse et apaisante. Une impression de sensibilité et de résolution est présente. Les gens véhiculent un sentiment de réflexion et de bon sens, ils sont conscients du pouvoir de leur imagination et l'utilisent avec ingéniosité.

GRANITÉ au toucher. Une sensation granuleuse et naturelle. Une impression de fusion est présente, l'énergie est structurée et organisée. Les gens exsudant ce genre d'énergie semblent sûrs d'eux avec sagacité – ils sont fréquemment imperturbables et terre-à-terre.

VALLONNÉ au toucher. Une sensation palpitante, giratoire et rythmique, accordée aux cycles du système solaire. Les gens semblent avoir foi en leur but et s'y consacrer complètement. Un sentiment de conscience psychique est présent.

CHAUD au toucher. Une impression d'énergie magique, avec la chaleur rayonnant de ces gens de la façon la plus affectueuse et humaine. Ceux qui exsudent ce genre d'énergie véhiculent un sentiment d'engagement et un véritable amour des autres.

MOTS-CLÉS DU TOUCHER

Frais
Plan
Brûlant
Poli
Râpeux
Rugueux
Lisse
Granité
Vallonné
Chaud

POUR VOTRE AMI

Pour découvrir la couleur de l'aura de votre ami en utilisant le toucher, effectuez certains des exercices de développement des sens décrits au chapitre 2. Essayez de toucher le champ aurique de votre ami avant une étreinte aurique. Choisissez un mot de la liste ci-dessus, pour décrire la sensation que donne l'aura de votre ami au toucher. Allez ensuite à la liste de la page 91 pour trouver la couleur correspondante.

POUR VOUS-MÊME

Notez les mots ci-dessus sur une échelle de 10 à 1. Marquez 10 pour celui que vous préférez, 1 pour celui que vous aimez le moins. Faites de même pour les mots-clés des autres sens, puis additionnez les notes pour chaque couleur en utilisant la liste de la page 91.

INTERPRÉTER LES ODEURS

Lisez la brève description des qualités de base des dix mots-clés pour les odeurs et de la façon dont celles-ci se rapportent aux gens. Regardez ensuite l'encadré de la page ci-contre, qui vous aidera à découvrir la couleur de l'aura de votre ami ou celle de la vôtre.

Les odeurs *EMBAUMÉES*, sont presque indécelables ; les délicates senteurs de la citronnelle et des autres végétaux riches en huile, comme l'olive, le tournesol et la noix de coco. Ces personnes véhiculent un sentiment de magie, comme si elles connaissaient beaucoup de secrets et possédaient la sagesse spirituelle.

Parmi les odeurs *TERREUSES*, il y a des arômes tels que celui des grains de café, d'un gazon fraîchement tondu ou du terreau. Elles se rapportent aux gens qui se mettent peu de parfum, préférant leur fragrance naturelle. Souvent, l'arôme de ces gens rappelle celui des feuilles d'automne, et ils transmettent un sentiment d'ambition et de puissance discrète.

Parmi les odeurs *FRAÎCHES*, on trouve l'odeur salée laissée par la mer, le fumet de terre qui monte lorsque le soleil se montre après une averse et l'arôme de la rosée. Ce genre d'effluves est associé à la fraîcheur. Les personnes diffusent un sentiment de sensibilité paisible.

Parmi les odeurs *VÉGÉTALES*, il y a les fragrances du romarin, de la sauge, du thym, du persil et de la lavande. Ces personnes embaument comme si elles venaient juste de sortir d'un champ de lavande ; elles transmettent un sentiment d'allégresse et de spontanéité.

Parmi les odeurs *MUSQUÉES*, on trouve les parfums riches en musc, civette, ambre gris ou santal. Les gens portent souvent ce genre de parfums pour générer une impression sexuellement attirante, érotique. Leur peau dégagera un arôme musqué lorsqu'ils prennent un bain de soleil ou transpirent.

Parmi les odeurs *FUMÉES* , il y a la fumée des cigarettes, celle des feux de jardin en automne, celle des toasts brûlés, mettant en évidence une qualité véridique et intuitive. Les non-fumeurs libèrent seulement un arôme discret, comme s'ils s'étaient réchauffés les mains au-dessus d'un feu de bois pendant un moment.

Parmi les odeurs *PIQUANTES*, on trouve l'odeur des condiments, des marinades et du vinaigre, ainsi que les arômes poivrés des sauces très relevées, de la ciboule et de l'ail. Ces personnes véhiculent une attitude positive compatissante et pratique.

Au-dessus à droite : Entre l'odeur d'une rose parfumée et celle des cigarettes il y a un monde, mais d'autres odeurs sont plus difficiles à discerner. Vous devez entraîner votre nez.

Parmi les odeurs ÉPICÉES, on trouve les parfums riches en gingembre, muscade ou macis. Les gens dégagent souvent un arôme épicé quand ils sont excités à propos d'un nouveau travail, sur le point de s'embarquer dans une aventure ou partir en vacances. Ces odeurs véhiculent un sentiment d'enthousiasme et de confiance en soi.

Parmi les odeurs SUAVES, il y a l'arôme sucré et le parfum des fleurs, que les gens portent souvent sans s'en rendre compte pour souligner leur vibration aurique, véhiculant un sentiment de chaleur et de bonheur. Leur arôme est aussi délicat que les pétales de rose ou aussi sucré que la confiture de fraises.

Parmi les odeurs RELEVÉES, on trouve les odeurs riches en citron, orange ou clous de girofle. Quand ils sont vraiment nerveux, ou lorsqu'ils se précipitent chez eux après les heures de bureau, les gens dégagent souvent un arôme mentholé ou piquant, qui véhicule une qualité extravertie pleine de vie.

MOTS-CLÉS POUR LES ODEURS

Embaumé
Terreux
Frais
Végétal
Musqué
Fumé
Piquant
Épicé
Suave
Relevé

POUR VOTRE AMI

Quand vous essayez de découvrir la couleur de l'aura de votre ami en vous servant de l'odeur, la première impression est la plus importante. Choisissez dans la liste ci-dessus un mot qui caractérise l'arôme ou la fragrance que dégage votre ami en entrant dans la pièce. Allez ensuite au tableau de la page 91 pour trouver la couleur correspondante.

POUR VOUS-MÊME

Évaluez les mots ci-dessus sur une échelle de 10 à 1, marquant 10 pour l'arôme qui vous plaît en ce moment, 1 pour celui que vous aimez le moins. Faites de même pour les mots-clés des autres sens, puis additionnez vos notes pour chaque couleur en utilisant le tableau de la page 91.

INTERPRÉTER L'INTUITION

Vous êtes arrivé au plus puissant des sens – celui qui se base sur l'instinct, sur l'intuition et sur la "perception" qui n'utilise pas les autres sens physiques. Si vous interprétez l'aura de votre ami, détendez-vous et bavardez avec lui pendant que vous essayez de saisir ses vibrations. Examinez les mots-clés énumérés sur la page ci-contre et si un mot vous saute aux yeux, utilisez votre intuition et foncez ! Sinon, lisez ci-dessous les brèves descriptions associées à chaque mot-clé avant de tirer des conclusions. Si vous voulez découvrir la couleur actuelle de votre aura, commencez par lire les descriptions.

Les gens *CHARMANTS* semblent aimer tous ceux qui les entourent. Extravertis et ravis de la vie, ils pétillent, exsudant un air de bonheur. Ils sont d'habitude sociables, grégaires, chaleureux et animés.

Les gens *INSPIRANTS* ont une attitude positive envers la vie et envers eux-mêmes. Ils sont réconfortants, gratifiants, aiment offrir des conseils et guider discrètement ceux qui ont besoin de consolation et d'assistance. Ils dégagent une énergie délicieusement insouciante.

Les gens *MAGIQUES* semblent vivre dans un monde imaginaire, peu intéressés par les nouvelles ou les affaires en cours. Leur présence est détachée des contingences de ce monde, véhiculant un air de mystère magique, et ils paraissent préférer leur imaginaire à la réalité.

Les gens *SÛRS D'EUX* ont une présence puissante et semblent progressistes et fiables. Ils véhiculent un air de réussite, associé à la foi en eux-mêmes et à la volonté, mais sont honnêtes à propos de leurs intentions et ambitions. Ils gardent leur calme dans une crise et sous pression.

Les gens *SENSIBLES* sont conscients de ceux qui les entourent, en harmonie avec l'énergie de leurs amis et exsudent un air de mystère et de fascination distante. Discrètement assurés, ils sont pleins d'une énergie calme et néanmoins ingénieuse. Ils sont généralement harmonieux, paisibles, c'est un plaisir de les connaître.

Les gens *SENSUELS* véhiculent un air de mystère sexuel. Passionnés par tout ce qu'ils font, ils sont voluptueux et attirants. Ils semblent exprimer un sentiment de séduction et d'attraction sexuelle, et se montrent souvent aguichants et effrontément charmeurs avec le sexe opposé.

Les gens *COMPLEXES* sont indépendants, n'ont ni soucis ni problèmes. Ils peuvent gérer tous les aspects organisationnels de la vie. Ils sont motivés, ont une nature équilibrée et amicale, sont prêts à soutenir les autres et à offrir des conseils pratiques.

Les gens *ATTACHÉS AUX VALEURS SPIRITUELLES* acceptent les hauts et les bas de la vie avec équanimité et paraissent souvent presque doués du don de double vue ou extrêmement conscients du côté spirituel de leur existence. Ils exsudent un sentiment intense de sagesse et de gravité à propos de la signification de la vie.

Les gens *SPONTANÉS* sont amis avec tout le monde et s'intéressent réellement aux autres. Ils réussissent souvent très bien, ont de la chance et ne s'inquiètent pas du moment à venir ou de celui précédent. Leur présence est stimulante et imprévisible.

Les gens *VIFS* expriment une qualité remuante et néanmoins excitante. Pleins de vie, l'esprit délié, enjoués, ils sont toujours par monts et par vaux. Ils véhiculent un air de bonne humeur et d'originalité créative.

La personnalité est révélatrice. Elle est sensuelle et mystérieuse (gauche), il est heureux et extraverti (à l'opposé).

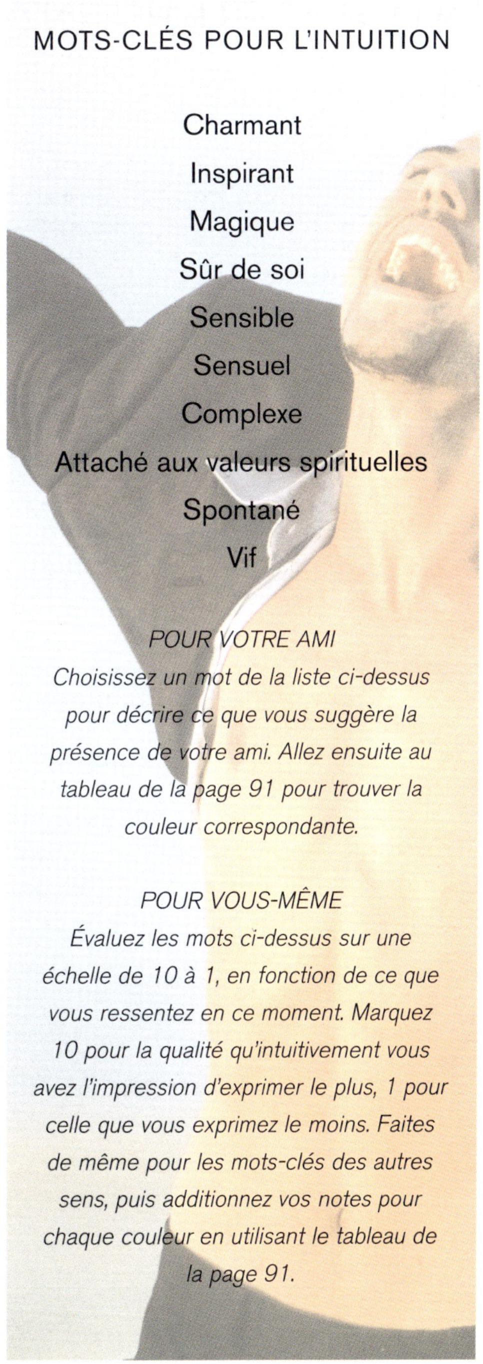

MOTS-CLÉS POUR L'INTUITION

Charmant
Inspirant
Magique
Sûr de soi
Sensible
Sensuel
Complexe
Attaché aux valeurs spirituelles
Spontané
Vif

POUR VOTRE AMI
Choisissez un mot de la liste ci-dessus pour décrire ce que vous suggère la présence de votre ami. Allez ensuite au tableau de la page 91 pour trouver la couleur correspondante.

POUR VOUS-MÊME
Évaluez les mots ci-dessus sur une échelle de 10 à 1, en fonction de ce que vous ressentez en ce moment. Marquez 10 pour la qualité qu'intuitivement vous avez l'impression d'exprimer le plus, 1 pour celle que vous exprimez le moins. Faites de même pour les mots-clés des autres sens, puis additionnez vos notes pour chaque couleur en utilisant le tableau de la page 91.

LISTE DE CONTRÔLE DE LA COULEUR DE L'AURA

Lorsque vous avez choisi des mots-clés pour l'un des sens – ou pour deux – afin de décrire l'aura de votre ami, ou quand vous avez établi les notes de vos propres mots-clés pour chaque sens, utilisez le tableau de la page opposée pour trouver la couleur que vous ou votre ami présentez en ce moment dans vos auras.

LA COULEUR AURIQUE DE VOTRE AMI

Regardez la liste et trouvez la couleur qui correspond au mot-clé que vous avez choisi pour décrire votre ami. Par exemple, si vous avez utilisé les mots-clés du son et décidé que la voix de votre ami était soyeuse, vous constaterez que sa couleur aurique est le bleu vert. Passez au profil de référence de la couleur (pages 92-101) et trouvez ce que cela veut dire. Vous pouvez aussi consulter les profils plus généraux des couleurs au chapitre 3 (pages 48 -67).

VOTRE COULEUR AURIQUE

Travaillez sur une feuille de papier pour pouvoir vérifier de nouveau votre couleur aurique quand les circonstances changent. Regardez vos notes pour les mots-clés du son et marquez-les à côté des mots de référence du tableau. Ainsi, si vous avez aimé le plus les voix mélodieuses, marquez 10 à côté de mélodieux (dans la bande jaune) ; si les voix ronronnantes ont eu 5, écrivez ce chiffre près du mot de référence (dans la bande violette), et ainsi de suite jusqu'à 1, disons pour les voix graves (dans la bande verte). Faites de même pour les mots-clés du toucher, de l'odeur et de l'intuition.

Additionnez les notes pour chaque couleur. En commençant par le violet, additionnez les chiffres correspondant aux termes ronronnant, vallonné, embaumé et attaché aux valeurs spirituelles et marquez le total à droite du tableau. Répétez l'exercice pour toutes les couleurs. La couleur qui a le total le plus élevé est votre principale couleur aurique en ce moment. Passez au profil de référence de la couleur pour en savoir plus sur vous-même (pages 92-101).

Si deux ou plusieurs couleurs ont le même total élevé, vous présentez ces couleurs en égale mesure. Dans ce cas, vous devez aussi intégrer dans votre vie la couleur qui a le total le plus bas. Autrement dit, vous devez vous occuper de certains aspects oubliés de vous-même. Lisez aussi le profil pour cette couleur.

	SON	TOUCHER	ODEUR	INTUITION
VIOLET	Ronronnant	Vallonné	Embaumé	Attaché aux valeurs spirituelles
LAVANDE	Argentin	Plan	Végétal	Magique
TURQUOISE	Murmurant	Poli	piquant	Inspirant
BLEU	Velouté	Frais	Fumé	Sensible
BLEU VERT	Soyeux	Lisse	Frais	Complexe
VERT	Grave	Granité	Terreux	Sûr de soi
ORANGE	Vibrant	Râpeux	Épicé	Spontané
JAUNE	Mélodieux	Rugueux	Relevé	Vif
ROUGE	Sexy	Brûlant	Musqué	Sensuel
ROSE	Doux	Chaud	Suave	Charmant

VIOLET

ÉTAT ACTUEL Vous êtes actuellement animé de conscience psychique. Le violet rayonne des gens dotés de force spirituelle et de sagesse clairvoyante. Il se peut donc que vous traversiez une période où vous pouvez vous relier à votre objectif spirituel ou à votre foi.

SENTIMENTS Vous avez besoin de vous exprimer et vous comprenez naturellement les sentiments des autres. Si vous n'êtes pas d'ordinaire en contact avec vos sentiments, essayez d'écouter ce qu'ils vous disent. C'est le bon moment pour vous épanouir.

PENSEES Vous désirez probablement montrer un sentiment général d'émerveillement devant le monde et parler de miracles. Vos pensées sont truffées de fantaisies et vous développez des liens psychiques avec des amis perdus de vue depuis longtemps..

MODE DE VIE C'est le moment de réfléchir à votre vie et à vos objectifs. Si le développement psychique ou spirituel vous intéresse, vous devez commencer à travailler sur votre moi intérieur. Vous constaterez probablement que vous vous liez avec de nouveaux amis intéressés par les arts alternatifs, comme l'astrologie, le tai chi ou le yoga, tous bénéfiques à votre bonheur futur.

CARRIÈRE Le bureau peut vous sembler le dernier endroit où vous désirez être, mais vous serez en harmonie avec vos collègues et leurs états d'esprit. Profitez de l'occasion de vous détendre et délectez-vous de la magie sublime de votre imagination. Évitez donc de faire des changements radicaux, mais assurez-vous de maintenir un profond sentiment de vocation. Si le violet reste une couleur constante dans votre aura, vous serez probablement bien plus content de travailler dans les professions ayant trait à la spiritualité.

SANTÉ Vos niveaux énergétiques sont élevés et votre conscience de la santé de votre corps est parfaite. Les techniques de détente et un bon régime alimentaire sont importants, mais vous réagirez intuitivement aux besoins de votre corps.

LAVANDE

ÉTAT ACTUEL Cette couleur symbolise le lien avec une énergie "plus élevée". Vous exhibez un éclat de mystère et devez profiter de cette occasion pour canaliser votre pouvoir curatif. L'harmonie, la paix et la contemplation calme sont capitales, trouvez donc le temps de profiter de votre quête intérieure.

SENTIMENTS Vous vous sentez rayonner de magie détachée de ce monde, vous vous montrez compatissant et tolérant à l'égard de tous les aspects de la vie. L'énergie curative signale que vous pouvez gérer n'importe quelle crise ou rire avec tous les amis. Votre simple présence enseigne aux autres qu'on peut avoir des sentiments sans être obligé de se montrer émotif.

PENSEES En ce moment, votre réflexion est claire et nette. C'est une excellente période pour régler vos problèmes, établissant des plans précis ou trouvant des idées. Les pensées d'harmonie aideront aussi les autres à percevoir leur équilibre intérieur.

MODE DE VIE Vous êtes prêt à prendre de la distance et à vous réjouir d'être en harmonie avec le monde et n'en former qu'un avec lui. Vous précipiter partout dans un tourbillon frénétique et vous stresser n'est pas à votre programme. Les événements quotidiens comptent peu pour vous, tandis que votre mental, votre corps et votre esprit sont de la plus grande importance.

CARRIÈRE Au travail, votre présence – et même votre voix au téléphone – est une force qui peut guérir les autres. Les changements de carrière ne vous intéressent pas – vous préférez méditer sur la vie et profiter de vos loisirs, ou vous joindre à des activités de guérison spirituelle.

SANTÉ Consacrez beaucoup de temps à la détente et à la méditation, ou faites de longues promenades. Le sommeil sera rempli de rêves importants. Pensez à faire un certain travail sur les rêves (pages 40-41) afin de mieux vous comprendre.

TURQUOISE

ÉTAT ACTUEL En ce moment, vous êtes capable d'offrir des conseils aux amis, vous êtes positif à propos de la vie et de votre avenir. Rayonnant la quiétude et la tolérance, vous pouvez encourager et soigner les autres avec affection. Votre énergie détendue et bonne éclairera et inspirera ceux qui vous entourent.

SENTIMENTS Vos sentiments à propos du monde sont intenses et beaux. Votre attitude positive envers votre croissance psychologique est rehaussée par la conscience de vos émotions. Les gens que vous aimez réellement profiteront maintenant de votre esprit chaleureux et de votre empathie.

PENSEES Votre raisonnement sera inspiré, créatif et visionnaire. L'avenir vous préoccupera davantage que le passé, les plans et les projets pourront être développés de façon positive. C'est un excellent moment pour mettre en pratique vos idées.

MODE DE VIE Une atmosphère sociale détendue vous offrira de nombreuses occasions de vous abandonner à une harmonie paisible, agréable. Votre charisme poli et serein signale que vous voulez sortir, être un boute-en-train et rayonner la joie. C'est le moment de profiter de votre conscience raffinée et néanmoins pratique de vous-même, et de la libérer.

CARRIÈRE Il est essentiel de formuler maintenant vos futurs plans. Progressez et faites des changements délibérés dans votre carrière. Vous pouvez enthousiasmer les gens qui comptent par vos idées brillantes et par votre persuasion, faisant un pas vers l'avancement et la réussite.

SANTÉ C'est une période favorable à la détente, à la tranquillité et à une courte pause dans la foire d'empoigne de la vie. Vos niveaux énergétiques élevés exigent des exercices physiques pour canaliser votre vitalité, votre approche doit donc être équilibrée. Passez un week-end paisible loin de vos habitudes, mais ne restez pas sans rien faire – essayez une ou deux séances d'entraînement et décidez d'en intégrer une dans votre vie quotidienne.

BLEU

ÉTAT ACTUEL C'est une période où vous êtes au summum de votre harmonie et positivité. Vous ressentez un sentiment de profonde paix intérieure et savez exactement où vous allez. Vous êtes sensible aux besoins des autres, et bien que vos sentiments et humeurs changent probablement tous les jours, vous possédez la détermination et le discernement nécessaires pour réussir, quelle que soit la direction que vous choisissez de prendre.

SENTIMENTS Vous êtes calme et tranquille, capable d'exprimer vos émotions de façon délicate et détendue. Vous ne vous froissez pas, ne vous fâchez pas, vous êtes tolérant et compréhensif à l'égard des autres, de leurs états d'esprit et de leurs sentiments.

PENSEES Vous avez de bonnes inspirations à propos de ce qui se passe et, de plus, votre esprit est concentré et capable d'entrer en contact avec ces éclairs intérieurs d'intuition. Bien que vous soyez rationnel, vous écoutez aussi votre voix intérieure – votre tête ne dirige pas votre cœur. Votre raisonnement est clair et exempt de confusion. Vous aimez prendre des décisions, puis vous arrêter complètement pour vous détendre.

MODE DE VIE En ce moment précis, vous avez besoin de repos – peut-être des vacances ou une courte pause dans la routine habituelle. Vous êtes dans l'état d'esprit approprié pour apprécier la quiétude et les plaisirs de la vie. Socialement parlant, vous serez aussi diplomate et détendu que possible. Également, vous vous sentez chanceux et favorisé par la fortune.

CARRIÈRE Vous êtes prêt à assumer plus de responsabilités. Vous êtes décidé et prêt à avancer, capable de gérer toutes sortes de projets et de développer de nouvelles stratégies importantes.

SANTÉ Vos niveaux énergétiques ne sont pas aussi élevés que d'habitude en ce moment, bien que vous vous sentiez détendu. Il est donc important de ne pas vous stresser ou vous épuiser intellectuellement. Prenez le temps de méditer ou simplement de vous reposer. Conservez votre énergie pour le moment où vous serez dans un état d'esprit plus dynamique. Effectuez quelques exercices simples d'étirement, et introduisez de petits changements positifs dans votre régime alimentaire.

BLEU VERT

ÉTAT ACTUEL Vous êtes équilibré et réellement soucieux du bonheur de vos amis, des gens que vous aimez, de vos collègues, bien que vous traversiez probablement une période de changement dans votre propre vie. Vous êtes entreprenant et attentif, organisé et pratique. Les gens sont disposés à se fier à vous parce que vous semblez très enraciné dans la réalité. Vous avez l'impression d'être extrêmement utile et capable, bien que vous ayez toujours besoin de ressentir un sentiment de liberté.

SENTIMENTS Vous oscillez entre les sentiments extrêmement personnels et les états d'esprit insouciants. Vous vous montrez parfois terriblement vulnérable, et d'autres fois réservé et indifférent au monde qui vous entoure. Vous réagirez davantage aux autres gens et à leurs émotions qu'à vos propres sentiments.

PENSEES Votre façon de penser claire et concise vous fait prendre plaisir aux jeux de l'esprit. Vous étudiez sous tous les angles les difficultés des autres et trouvez des solutions incroyables aux problèmes les plus invraisemblables. Votre mental est puissant et vous pouvez l'utiliser pour prendre des décisions importantes et motiver les autres.

MODE DE VIE En ce moment, il est très important pour vous de mener une vie sociale pleine d'entrain et d'insouciance et dans l'ensemble divertir les autres. Les associés, la famille et les amis viennent en premier – vous serez entouré de gens qui ont besoin de votre soutien et de votre attitude responsable pour activer les choses. Trouvez le temps de vous abandonner à votre forme de détente préférée, et ne laissez pas les autres vous en demander trop.

CARRIÈRE Vous débordez d'idées, vous êtes capable d'organiser vos pensées créatives et de les traduire en pratique. Vous êtes dans une période de transition et aimeriez faire des changements importants dans votre carrière tant que vous êtes calme et détendu. Vous avez le sentiment que vous êtes capable d'assumer toute nouvelle responsabilité qui se présente.

SANTÉ Vous êtes en excellente santé, et dans une forme physique qui ne passera pas inaperçue. Fondez-vous là-dessus pour l'avenir, au cas où vous auriez besoin de puiser plus tard dans vos réserves d'énergie. Tout en établissant de nouveaux objectifs, profitez de l'occasion pour dorloter votre corps et votre esprit.

VERT INTENSE

ÉTAT ACTUEL Vous travaillez avec diligence, vous êtes ambitieux, fiable et capable de réussir votre vie. Le plus important pour vous en ce moment est de faire une excellente impression aux autres, qu'ils soient des amis, des associés ou des collègues. Vous sentez le besoin d'acquérir du prestige ou d'achever une quelconque sorte de célébrité, et votre volonté d'y parvenir est puissante et ardente. Vous êtes également réaliste et discrètement entreprenant.

SENTIMENTS Il se peut que vous n'ayez pas envie d'examiner vos sentiments, préférant faire de vos pensées le point de mire au lieu de révéler vos émotions et humeurs. Si des événements extérieurs déclenchent une réaction émotionnelle, permettez-vous d'exprimer vos sentiments et traitez-les avec sincérité, car en ce moment vous êtes capable d'affronter n'importe quoi avec honnêteté.

PENSÉES Votre esprit est rempli de pensées puissantes, vous êtes confiant et certain de ce que vous voulez dire. Vous réfléchissez à la façon d'améliorer votre mode de vie, ou de gagner davantage d'argent. Vos pensées sont fixées plus sur l'avenir que sur le passé.

MODE DE VIE Vous êtes économe et prudent avec vos finances, car juste en ce moment vous êtes très pratique et raisonnable. Les soirées peuvent vous offrir la chance de nouer des contacts précieux ou d'impressionner les gens qui comptent. Votre travail et votre avenir seront plus importants que le foyer et la famille, mais vous prendrez plaisir à la compagnie de vos amis et serez prêt à donner un coup de main sur-le-champ si nécessaire.

CARRIÈRE Elle est capitale pour vous en ce moment, et vous désirez faire peu à peu des changements, pour vous assurer la meilleure réussite possible. Vous êtes motivé et clair à propos de votre avenir, et bien que vous puissiez vous montrer exigeant, vous êtes aussi généreux et attentif avec ceux que vous respectez.

SANTÉ Faites une pause et dorlotez-vous un peu – un massage lent peut-être, ou de l'aromathérapie. Dans l'ensemble, désintoxiquez votre peau et prenez soin de votre corps. Vos niveaux énergétiques sont élevés, gardez-vous donc dans une forme excellente tant que vous avez une telle vitalité.

ORANGE

ÉTAT ACTUEL Vous êtes au summum de votre originalité et de votre indépendance. Vous pouvez vous montrer aussi créatif et enthousiaste que vous le désirez à propos de n'importe quel projet, c'est donc le moment de faire avancer toutes ces choses que vous vouliez faire. Vous êtes prêt à exprimer vos idées et vous vous montrez extrêmement sûr de vous. Vous avez un bon contact avec les gens et un flair naturel pour dire ce qu'il faut au bon moment. Actuellement, la chance est vraiment de votre côté.

SENTIMENTS Votre dynamique créative vous fait vrombir et planer. Avec cette inspiration, vous générez une atmosphère d'enthousiasme et d'optimisme, où que vous alliez. Vous êtes plein d'humour et vous avez le mot pour rire, profitez donc de la sensation de vous sentir réellement vivant.

PENSEES Vous inventez toutes sortes de nouvelles idées géniales, plans et projets. En fait, vous avez tant d'idées inédites dans la tête que vous ne savez pas laquelle mettre en pratique en premier. Vous pensez beaucoup à l'amusement, sortez donc et stimulez les autres avec votre esprit et votre adresse expansive et pleine de verve.

MODE DE VIE Les amis, les mondanités et les sorties en général sont essentiels pour vous en ce moment. Le travail et les loisirs ont la même importance et vous êtes passionné par tous ceux que vous rencontrez. Vous rayonnez le bonheur et la joie, il vous est facile de rire et d'être le centre de l'attention.

CARRIÈRE Vous êtes ambitieux, motivé et original ; vos idées vous mettent sur les rangs pour une promotion future ou de meilleures perspectives. Si vous voulez vraiment réussir maintenant, votre perspicacité et vos talents créatifs ne passeront pas inaperçus.

SANTÉ Ne laissez pas votre enthousiasme vous faire oublier la détente. Vous pouvez être si absorbé dans votre élan créatif que vous ne pensez pas à la santé de votre corps. Bien que votre esprit et votre corps soient équilibrés et pleins d'énergie en ce moment, vous ne devez pas oublier de passer un peu de temps seul pour recharger ces batteries vives.

JAUNE

ÉTAT ACTUEL Votre bonne santé et votre bonheur rayonnent à travers votre aura. Vif, l'esprit leste et alerte, vous faites une excellente impression partout où vous allez. Il y a une touche d'enjouement dans tout ce que vous faites. Vous êtes comme un enfant, enthousiaste à propos de toutes les personnes que vous rencontrez, spontané, excité par la vie et curieux de savoir exactement ce qui se passe dans le monde.

SENTIMENTS Vous vous sentez joyeux et insouciant – vous n'avez pas de temps pour la tristesse ou la mélancolie. Vous préférez davantage vous amuser que vous inquiéter de vos besoins émotionnels. Tout ce qui vous excite ou vous fait rire vous fera vibrer d'esprit toute la journée.

PENSEES Votre esprit tournoie d'idées et de pensées différentes. Vous établissez actuellement vos priorités et vous vous concentrez sur le changement de votre orientation dans la vie ou de vos plans. Votre réflexion est brillante et pleine d'esprit, vous adorez les coups de fil et la communication à tous les niveaux.

MODE DE VIE Vous vous faites de nouveaux amis et vous établissez de nouveaux contacts sociaux, éblouissant et stimulant dans l'ensemble par votre vitalité pétillante ceux qui vous entourent. L'exercice physique est important pour vous en ce moment, pour vous défouler et canaliser votre excès d'énergie.

CARRIÈRE Le bureau semble un terrain de jeu ; vos ambitions sont en ce moment des manœuvres créatives et enjouées, au lieu d'être des fardeaux graves et effrayants. Votre côté qui aime s'amuser est contagieux, les collègues et les employeurs apprécieront votre esprit vif et à la hauteur de la situation, quel que soit le projet ou la transaction.

SANTÉ Jouez la sécurité – faites de longues promenades, prenez beaucoup l'air ou pratiquez un sport de compétition. Apprenez une nouvelle technique de relaxation, comme le yoga ou le tai chi, entre deux périodes de dépense d'énergie, afin d'équilibrer votre vitalité active et pleine de verve par des moments de silence et de calme.

ROUGE

ÉTAT ACTUEL Vous avez atteint le niveau maximum d'énergie passionnée et d'enthousiasme ardent pour la vie et l'amour. Votre ego est puissant et vous ressentez le besoin de vous montrer un extraverti à la poursuite des émotions fortes. Tout ce que vous faites ou dites l'est avec grande conviction et honnêteté. Vous êtes tellement en extase devant tous vos amis et relations que vous avez envie de parler à tout le monde de vos projets et rêves futurs.

SENTIMENTS Vous n'avez pas le temps d'analyser vos sentiments, vous les laissez juste couler. Vous vous sentez sensuel, sexy et passionné par tout ce que vous faites. Tous vos sentiments sont engagés et vous connaissez des moments de totale allégresse.

PENSEES Vous êtes concentré sur le moment présent, hier n'a pas d'importance et demain semble très loin. Vous êtes impatient mais motivé, et votre esprit dynamique fera des heures supplémentaires pour vous permettre d'arriver là où vous voulez.

MODE DE VIE Vous avez à peine le temps de faire une brève pause, courant ça et là dans un tourbillon d'engagements sociaux, réunions de famille ou responsabilités professionnelles. Vous êtes plein d'énergie et de dynamisme. Actuellement, votre force motivante est la passion – si vous entretenez une liaison, vous êtes fou de sexe, si vous êtes célibataire, vous serez transporté par toute escapade romantique éventuelle.

CARRIÈRE Votre personnalité dynamique et charismatique ne passera pas inaperçue à ceux qui vous entourent. Vous semblez capable de travailler deux fois plus que les autres, et vous êtes préparé à porter au maximum votre réussite. Vous serez capable de faire décoller sans hésitation toute nouvelle entreprise, vous sentant en ce faisant positivement rayonnant et débordant de succès.

SANTÉ Vous êtes en excellente forme, mais faites attention à ne pas vous surmener. Une bonne nuit de sommeil est impérative, soyez certain de vous accorder vraiment le temps nécessaire. Avec une telle passion pour la vie, vous ne vous sentirez pas épuisé, mais votre corps souffrira sans que vous vous en rendiez probablement compte. Essayez de réserver à la détente au moins une ou deux heures par semaine, de préférence en une seule séance.

ROSE

ÉTAT ACTUEL En plus de brûler de compassion et d'amour, vous êtes loyal, engagé et fidèle à votre développement personnel. Actuellement, vous vous empressez de faire don de votre personne, tout en étant persuadé d'avoir trouvé votre vraie vocation. L'amour est sans aucun doute important pour vous – si vous n'êtes pas amoureux en ce moment, vous prenez du bon temps. Votre nature chaleureuse rend heureux tous ceux qui vous entourent.

SENTIMENTS Chaleureux et tendre, vous vous inquiétez des autres, proches ou non. Vous vous sentirez extrêmement heureux en certaines compagnies. Vous êtes plein d'envies, de désirs et de rêves à propos de la personne que vous aimez.

PENSEES Vous vous concentrez sur votre bonheur futur, et les pensées pétillantes, imaginatives et tendres dominent. Soit vous réfléchissez à la façon de rendre merveilleuse votre vie amoureuse, soit vous êtes si absorbé par l'image de celui que vous aimez que rien d'autre n'aura de place dans votre esprit.

MODE DE VIE C'est une période propice au contact social et au partage de votre nature affectueuse. Ou bien vous serez tellement amoureux qu'union signifiera uniquement vous deux. Pour vous, l'amour est l'idylle, la famille, le bonheur ou juste les plaisirs simples de la vie.

CARRIÈRE Vous êtes certain de votre rôle futur, content de votre vocation. Toutes les occasions qui se présenteront seront inestimables pour avancer votre carrière. Vous êtes charmant et aimable, et votre consécration au travail sera contagieuse.

SANTÉ Bien que vous vous sentiez détendu et content de vous, c'est le moment de prendre plus d'exercice et de rehausser vos niveaux énergétiques. Parfois, si vous aimez trop, si vous grandissez trop, si vous donnez trop de vous-même, votre vitalité s'épuisera. Assurez-vous donc de garder un équilibre en suivant le programme de mise en forme de votre choix.

CHAPITRE CINQ

LES AURAS ET LES RELATIONS

Comment les auras œuvrent-elles dans une relation ? Pratiquement tous les gens tombent amoureux à un moment ou à un autre, ou éprouvent des sentiments chaleureux ou tendres pour une autre personne. Mais il arrive que les couleurs rose et rouge qui représentent l'amour, le sexe et les relations intimes n'apparaissent pas dans leurs auras ou d'autres couleurs comme le jaune ou le bleu prédominent ou sont plus intenses. Cela ne veut certainement pas dire que ces personnes ne ressentent pas d'amour. Par exemple, si une personne a une aura à dominante verte, son amour sera en principe leste, sensuel et exigeant.

Au-dessus : Votre aura peut indiquer le type de personne qui vous attire d'habitude.

Pour découvrir de quelle façon vous, votre ami ou votre partenaire exprimez ou ressentez l'amour, utilisez la méthode de test des sens présentée au chapitre 4 (voir pages 80-81). Lisez les profils des couleurs décrits aux pages 92-101, ainsi que la description suivante des couleurs de l'amour. Vous acquerrez ainsi une idée très générale du type de soupirant ou de relation intime que vous pouvez attendre quand ces couleurs dominent dans l'aura. Souvenez-vous, l'aura change avec vous et les circonstances. Beaucoup de gens présentent plusieurs combinaisons de couleurs à un moment donné, donc une interprétation est nécessaire. N'oubliez pas que la couleur dominante exprime toujours l'énergie la plus puissante.

QUE CHERCHEZ-VOUS ?

Combien de fois avez-vous choisi un partenaire ou un amant très différent de vous en apparence, dont les qualités sont totalement opposées aux vôtres ? C'est souvent parce que vous ne vous rendez pas compte que les traits que vous trouvez si attirants chez les autres sont précisément des qualités que vous n'avez pas acceptées consciemment chez vous. Vous vous cherchez dans le regard et le reflet des autres.

Donc, Joe aime Jane parce qu'elle semble si pétillante et créative, tandis que lui se considère rationnel et fiable. En fait, Joe possède un côté pétillant et créatif, avec lequel il n'est pas encore entré en contact et qu'il projette totalement sur Jane. Ce phénomène d'attraction des contraires se produit sans cesse. C'est une façon de découvrir qui vous êtes, quelles sont vos valeurs et vos besoins ; on est souvent blessé si l'autre personne ne colle pas à l'image qu'on s'en fait.

Vous découvrirez que vous êtes attiré par des personnes qui vous ressemblent. Vous vous sentez en sécurité avec le "diable" que vous connaissez, mais des problèmes peuvent surgir si vous n'êtes pas prêt à accepter l'idée que vous aussi avez des côtés sombres. Vous vous rendez plus souvent compte de la présence de certains traits moins positifs chez les autres que chez vous-même.

Si vous examinez les compatibilités entre les couleurs fondamentales (pages 106-125), vous verrez que certaines combinaisons sont diamétralement opposées, créant des relations dynamiques, intenses ou complexes. Les relations entre des gens dont les couleurs auriques ont une affinité naturelle sont d'ordinaire plus calmes, plus réfléchies ou plus amicales – du moins en apparence. Les compatibilités sont énumérées en fonction de la couleur aurique fondamentale de la femme, accordée avec chacune des dix couleurs auriques fondamentales de l'homme. Si vous êtes un homme, regardez la couleur aurique de votre partenaire, puis lisez la combinaison significative.

Vérifiez votre degré de compatibilité, mais n'oubliez pas qu'il s'agit ici de couleurs fondamentales généralisées. Si à un moment donné il y a dans votre aura plus d'une couleur dominante, il faut prendre aussi en compte ce fait.

Les opposés ont tendance à s'attirer – vous êtes souvent attiré par une personne différente de vous à cause de certaines de vos qualités qui ont besoin de s'exprimer.

LES DIX COULEURS FONDAMENTALES DE L'AMOUR

VIOLET

Vous aimez rêvasser et fantasmer sur votre partenaire ou juste imaginer comment ce serait d'aimer une personne que vous n'avez même pas rencontrée. Quand vous êtes engagé dans une liaison, il vous faut du temps pour faire confiance et partager vos sentiments avec l'autre. L'amour et le sexe vont de pair pour vous, il vous faut donc un partenaire qui comprend vos rêves les plus fous.

LAVANDE

Vous avez peur d'être rejeté, votre côté léger, qui aime flirter, cache une profonde vulnérabilité. Votre imagination n'a pas de bornes et vous vous laissez aller à un contentement sexuel complet tant que la relation est magique, agréable et attentive. Si votre partenaire est stressé, vous en serez profondément affecté, mais en apparence vous flirtez et prenez du plaisir à chaque fois que vous le pouvez.

TURQUOISE

Vous préférez une relation calme, facile à vivre, dans laquelle votre partenaire vous fait vous sentir détendu et inspiré. La beauté, l'humour et l'interaction intellectuelle sont essentiels pour vous. Le fait de tomber amoureux de l'idée de l'amour avant de connaître votre partenaire veut dire que vous êtes idéaliste au premier abord, mais que vous vous découragez si on ne répond pas à vos attentes.

BLEU

Vous avez besoin d'une relation proche et extrêmement créative, dans laquelle vous communiquez tous les deux et partagez totalement vos vies. Vous êtes tellement sensible aux besoins de votre partenaire que vous en oubliez souvent les vôtres. Émotionnellement, vous vous sentez merveilleusement bien dans un environnement calme et créatif ; sexuellement, vous vous délectez des moments d'intimité, où vous pouvez exprimer un plaisir sensuel total.

BLEU VERT

Vos sentiments vous paraissent souvent frustrants, donc une relation basée sur la séduction intellectuelle, l'amusement et la bonne humeur est essentielle pour vous empêcher de vous inquiéter. L'enlisement dans les émotions n'est pas votre fort ; cependant, la liberté l'est, et les rapports sexuels peuvent être extravagants et ardents. Vous êtes parfaitement en accord avec votre partenaire et vous êtes disposé à lui offrir du plaisir, tant qu'il n'exige rien de vous.

VERT INTENSE

Vous avez une attitude réaliste, pratique, envers vos relations. Les rapports sexuels sont destinés au plaisir sensuel et à l'amusement, et vos sentiments sont souvent voilés. Vous êtes loyal et ambitieux pour l'avenir d'une relation, et vous essayerez assidûment de la faire marcher. Votre enthousiasme pour la réussite de vos relations implique que celles-ci sont souvent heureuses. Vous resterez avec un partenaire probablement plus longtemps que les personnes dont l'aura est dominée par n'importe quelle autre couleur.

ORANGE

Vous avez besoin d'amour et d'espace pour qu'une relation survive. Extraverti et amusant, vous aimez le sexe pour le sexe et ne vous laissez pas impliquer émotionnellement. Il vous faut une relation qui vous accorde de fréquentes périodes de séparation. Vous aimez les relations intrépides, une aventure vous stimule.

JAUNE

Vous préférez les conversations intimes à la gymnastique sexuelle. Votre esprit est avide d'amusement et d'incitation de la part de votre partenaire, plutôt que d'émotions intenses, de sentiments et d'états d'esprit compliqués. Vous êtes enjoué, flirteur, pas possessif, et préférez un partenaire capable d'égaler votre esprit et votre humour à l'un qui n'est bon qu'au lit.

ROUGE

Vous adorez faire l'amour, et le plaisir physique est pour vous la partie la plus importante d'une relation. Vous avez beaucoup d'énergie et de passion, il vous faut c un partenaire exigeant, capable de vous égaler et suivre vos humeurs extrêmes. Il doit se montrer aussi passionné et dynamique que vous l'êtes. Le bonheur suprême est d'emmener votre partenaire aux sommets du plaisir sexuel.

ROSE

Vous aimez le sublime de l'état amoureux, des premiers désirs, espoirs et rêves romantiques. Vous êtes attentionné et avez besoin d'un partenaire capable de se montrer aussi romantique et sexuellement créatif que vous. Les nombreuses toquades indiquent qu'il vous faut du temps pour devenir proche d'une personne.

QUI EST COMPATIBLE AVEC QUI ? VIOLET

Femme violette/Homme violet

Ils déambulent dans un brouillard de rêves. Ils entretiennent un rapport merveilleusement sublime, presque télépathique. Lorsqu'ils sont séparés, ils ont tous les deux l'impression d'avoir perdu leur âme sœur. C'est une relation romanesque et proche, dans laquelle l'inattendu se produit souvent simplement parce qu'ils sont tellement pris dans leur monde personnel qu'ils perdent la notion du temps.

Femme violette/Homme lavande

Tant que l'homme accepte de se prêter à l'imaginaire de la femme, c'est une relation facile à vivre. Elle désire ardemment une intimité totale, et l'homme partage la plupart des rêves de la femme, sauf quand il est d'humeur à flirter. Elle est sérieuse à propos des rapports sexuels et de l'amour, il préfère s'amuser.

Femme violette/Homme turquoise

Ils aiment l'harmonie et les rapports sexuels parfaits, bien que les fantaisies sexuelles plus extravagantes de la femme puissent déconcerter l'homme. Celui-ci désire une existence facile à vivre et paisible ; elle peut se montrer d'abord réticente à partager ses sentiments. Rarement d'accord, ils seront probablement incapables de prendre des décisions communes, mais ils adorent partager des moments beaux et magiques.

Femme violette/Homme bleu

L'homme est extrêmement sensible à chacun des besoins et émotions de la femme, mais il se sent trop limité par la tendance de celle-ci à s'évader dans son imaginaire au lieu d'affronter la réalité de la vie. Elle aime les façons sensuelles de l'homme. Elle a aussi besoin de lui rappeler de faire ses propres choix et de ne pas compter qu'elle fera de même lorsqu'il est dans un de ses états d'esprit confus.

Femme violette/Homme bleu vert

Cette relation peut faire partir quelques feux d'artifices. Elle aime rêver, il préfère communiquer et analyse chaque situation. Toutefois, l'imagination et le caractère *exalté de la femme, aussi bien que son comportement imprévisible, attirent l'homme. Celui-ci rôdera autour d'elle tant qu'il disposera d'assez de liberté.*

Femme violette/Homme vert intense

Il est possible que la femme trouve l'homme trop pratique et rationnel pour sa propre nature rêveuse. Il aime le sexe et prend beaucoup de plaisir à se prêter à chaque caprice de la dame, mais il ne sera pas aussi prompt à exhiber ses sentiments. Toutefois, elle a besoin de se sentir protégée et choyée, et cela suffira probablement à inciter l'homme à rester pour lui montrer combien il est loyal.

Femme violette/Homme orange

Leur approche de l'amour et de la vie est extrêmement différente. Il veut le sexe et l'aventure, pas d'attaches et beaucoup d'espace. Elle souhaite l'engagement et un regard rêveur dans les yeux de son partenaire. Il lui offrira probablement le regard, mais seulement si elle n'attend pas des promesses.

Femme violette/Homme jaune

Elle sera amusée par la conversation et le charme de l'homme, et il adorera l'imagination de la femme. Cependant, l'homme est trop volage et flirte outrancièrement, ce qui risque de gâcher toutes les sorties pour la femme. Il adore les faits, elle préfère l'imaginaire. Il veut se constituer un réseau et mener une vie sociale extravagante, elle préférerait s'évader dans les films, ou dans sa tête.

Femme violette/Homme rouge

Une puissante attraction magnétique existe entre eux, mais qui sera de courte durée. L'homme est passionné par la beauté mystérieuse de la femme et adore ses fantaisies malicieuses. Elle a envie d'une liaison discrète, entrelacée de plaisir érotique ; lui aussi, mais il a plus que tout un grand besoin d'être mis au défi, même dominé. Leurs différences apparentes feront probablement des ravages si leur relation ne les comble pas physiquement.

Femme violette/Homme rose

Au premier abord, la relation semble idyllique, car il adore le mystère et l'éclat de la femme, et elle est émue par le côté prince charmant de l'homme et par son approche romantique. Toutefois, comme aucun des deux n'est capable de prendre des décisions franches, ils se laisseront porter par un brouillard "amoureux".

LAVANDE

Femme lavande/Homme lavande

Ils sont tous les deux si anxieux, qu'ils veulent que la vie soit enjouée et plaisante. Ils s'amusent sans cesse avec toutes sortes de jeux, mentaux et physiques. Ils n'aiment pas trop montrer leurs sentiments à l'apogée de la passion sexuelle, mais sont capables d'exprimer leur attitude attentionnée envers l'amour sans avoir l'impression d'être sous le feu des projecteurs.

Femme lavande/Homme turquoise

C'est en apparence une relation amusante et sexuellement satisfaisante, une bonne combinaison pour une camaraderie insouciante. Toutefois, la femme est consciente des attentes élevées de l'homme, qu'elle pourrait trouver difficiles à satisfaire après un moment. Celui-ci désire la perfection et la beauté, et ferait bien de reconnaître qu'elle se rapproche davantage que bien d'autres de cet idéal.

Femme lavande/Homme bleu

Ensemble, ils exsudent une énergie douillette et intime. Il sait à quel point la femme est vulnérable et est sensible à ses humeurs changeantes. Elle aime la tendresse sexuelle de son partenaire et se sent à l'aise avec son tempérament calme et artistique. Tous les deux, ils peuvent tomber amoureux et continuer, chose plus facile qu'une séparation.

Femme lavande/Homme bleu vert

Pour commencer, l'homme offre à la femme un plaisir absolu et semble parfaitement compatible avec sa nature douce et sensible. Néanmoins, il a besoin en fait d'une relation dans laquelle son esprit soit actif et mis au défi. Elle préférera probablement que l'homme soit plus conscient de ses sentiments et se montrera jalouse du besoin de liberté personnelle de celui-ci.

Femme lavande/Homme vert intense

La femme adore que l'homme la serre très fort dans ses bras, et aime le sens de l'amusement hédoniste de celui-ci, mais pourrait ne pas se montrer capable de se maintenir à la hauteur du côté ambitieux de son compagnon. Il aime planifier la relation et, bien qu'elle suit le courant, elle pourrait se fatiguer du besoin constant de l'homme de prévoir point par point chaque moment qu'ils passent ensemble.

Femme lavande/Homme orange

L'homme adore l'attitude douce, enjouée et parfois frivole de la femme à l'égard de la vie, mais risque de trouver moins attirant le côté plus vulnérable de celle-ci. Il veut une femme qui puisse soutenir sa carrière, lui laisser de l'espace ; elle désire un homme prêt à s'engager. Ils risquent d'être en désaccord lorsqu'ils abordent les aspects sérieux de leur relation.

Femme lavande/Homme jaune

Elle aime l'approche facile à vivre de l'homme, et celui-ci trouve la femme enjouée et sexuellement amusante. Toutefois, si celle-ci révèle à quel point elle est sensible derrière sa façade extravertie, l'homme pourrait se sentir mal à l'aise en sa présence. Elle a besoin d'une personne qui s'occupe vraiment d'elle et il aime se sentit insouciant. Sexuellement, ils sont de bons compagnons, mais ils doivent s'appliquer pour rendre la relation durable.

Femme lavande/Homme rouge

Cette relation n'est pas pour les timides. L'homme bouillonne de passion pour une femme apparemment très délicate et très belle, mais il risque de subir un choc en découvrant à quel point elle manque de ressources. La femme est fascinée d'abord par la vitalité dynamique de l'homme, mais elle perdra son enthousiasme en découvrant que le mode de vie en constant mouvement de l'homme est le plus important pour lui.

Femme lavande/Homme rose

Ils se laissent emporter par un nuage de flou mutuel. L'homme aime tellement l'allure magique de la femme qu'il ne remarquera pas quel jour on est ; elle, de son côté, veut un engagement avant d'être elle-même disposée à partager. Ce ne sera pas une relation durable si seul l'homme est très amoureux.

Femme lavande/Homme violet

Un merveilleux rapport existe entre eux, souvent durable. L'homme est intensément sexuel, et la femme aime partager ses rêves les plus fous. Elle peut lui insuffler l'enjouement et la beauté, et l'homme lui donne le sentiment qu'ils se sont déjà rencontrés quelque part auparavant. C'est un lien onirique, tant qu'ils respectent tous les deux leur profond monde spirituel.

TURQUOISE

Femme turquoise/Homme turquoise

Ils peuvent devenir dépendants l'un de l'autre, avec un sentiment de réelle tendresse. Aucun ne fait preuve de beaucoup de dynamisme ou de motivation – ils peuvent passer des jours à essayer de prendre une décision ou à faire de projets. Ils préfèrent cette approche désinvolte, qui leur permet de rester insouciants et de ne s'engager à rien, ce qui garantit qu'ils reviendront pour en avoir plus.

Femme turquoise/Homme bleu

C'est une relation divine. L'homme adore échanger paroles et plaisir physique, créer de nouvelles occasions de changements dans la relation ; la femme se délectera des réflexions inspirantes de l'homme et de ses sentiments tendres. Elle souhaite une harmonie totale et une vie paisible, et de ce point de vue il est proche de l'homme idéal qu'elle imagine.

Femme turquoise/Homme bleu vert

La relation peut devenir potentiellement merveilleuse si l'homme accepte que la femme ait besoin de savoir quel rôle elle joue dans sa vie, particulièrement au niveau physique. Il peut se montrer maladroit et résister à l'engagement, ce qu'elle tolérera pendant un moment. Toutefois, elle a beaucoup de rêves pour l'avenir, et bien que l'homme les admire sincèrement, ceux-ci ne sont probablement pas en accord avec son envie de rester libre comme l'air.

Femme turquoise/Homme vert intense

Bien qu'ils soient très différents dans leur approche de la vie, ils peuvent établir facilement une relation durable. La femme trouvera que la vision pratique et le bon sens de l'homme sont très précieux pour la ramener parfois à la réalité. Les deux aiment le plaisir sensuel et profitent ensemble d'un fabuleux rapport physique. On pourrait redire seulement au besoin de la femme d'une relation plus calme, qui suit son propre rythme, tandis que l'homme souhaite une relation plus planifiée et qui se dirige vers un but.

Femme turquoise/Homme orange

Pour commencer, les deux sont insouciants. Cependant, le cœur de la femme est plus délicat et elle a besoin de plus d'attention aimante et affectueuse que l'homme peut lui en donner. Sa vision idéaliste de l'amour montre qu'elle est attirée par le charme grégaire et le sourire irrésistible de l'homme. Celui-ci est bien plus extraverti que la femme, mais leur rapport sexuel est fantastique.

Femme turquoise/Homme jaune

Il la considère comme extrêmement féminine et charmante, mais son effervescence indique qu'il ne restera pas longtemps dans le coin si elle ne réussit pas à l'amuser. Il a besoin de stimulation intellectuelle et d'un mode de vie extraverti d'abord, d'excitation sexuelle ensuite. Elle préfère l'extase romantique et enivrante de l'amour à une soirée passée à jouer au poker.

Femme turquoise/Homme rouge

Une puissante attraction naît entre eux. L'homme est fasciné par la nature quiète de la femme et désire lui montrer à quel point il est dynamique et ardent. La femme est excitée par le désir passionné et impulsif que l'homme a pour elle et l'imagine comme le parfait amoureux qui l'emmènera aux limites extrêmes du plaisir. Toutefois, l'homme veut être le chef, et la femme préférerait qu'ils soient égaux.

Femme turquoise/Homme rose

Tous les deux sont décontractés et facilement égarés par les émotions de l'autre. La femme trouve l'homme très romantique, ce qui la fascine. Il adore l'approche calme de la vie de la femme, mais aucun d'entre eux n'est capable de s'occuper des aspects pratiques de la relation. Ils rêvent de choses différentes : la femme voudrait qu'ils s'installent ensemble, l'homme préférerait que tout reste tel qu'il était lorsqu'ils se sont connus.

Femme turquoise/Homme violet

L'homme a besoin de beaucoup de temps pour faire confiance à la femme, mais une fois que l'intimité est installée, leur rapport est formidable. Le seul problème est que l'homme aime imaginer la vie et en fantasmer, tandis que la femme la prend probablement plus au sérieux. Si l'homme s'ouvre et partage ses rêves, alors leur aptitude sexuelle et intellectuelle au bonheur est assurée.

Femme turquoise/Homme lavande

L'homme désire une relation légère, facile à vivre, tout comme la femme, quoique les attentes de celle-ci soient plus élevées. Il aime le sens de l'humour de la femme et elle se délecte des appels téléphoniques drôles de l'homme et de son attitude décontractée envers la vie. Au moment crucial, il n'est pas prêt à s'engager, et la relation se terminera probablement en queue de poisson, comme tant d'autres par le passé.

BLEU

Femme bleue/Homme bleu

Il faut beaucoup de temps pour qu'une intimité s'installe, car chacun est très circonspect envers l'autre. Ils sont si sensibles, que lorsqu'ils finissent par créer une relation proche et sensuelle, chacun saura intuitivement ce que l'autre désire et ce dont il a besoin. Extrêmement secrets et se confiant peu, ils ne sortiront pas beaucoup. Un engagement durable est nécessaire pour tous les deux.

Femme bleue/Homme bleu vert

Elle est sensible à chacun des changements d'humeur de l'homme, et celui-ci préfère éviter ses sentiments – il se sentira probablement piégé par le côté plus sérieux de la femme. Toutefois, ils entretiennent un merveilleux rapport sexuel, car l'homme aime donner du plaisir à la femme, et celle-ci répond avec une intuition profonde de ce qu'il désire en retour. Ce partenariat n'est pas bon pour un engagement durable, tout en étant parfait pour l'extase sexuelle.

Femme bleue/Homme vert intense

Ils sont très attirés par leurs différences mutuelles. L'homme est protecteur, ambitieux et pratique, la femme d'humeur changeante, inconstante et peu réaliste. Cela pourrait s'avérer une relation très positive, tant que la femme apprend à vivre avec le besoin de réussite de l'homme. Elle se sentira solitaire quand celui-ci sera au téléphone avec des associés en affaires. Si elle ne réussit pas à communiquer ses peurs, la passion initiale risque de ne pas durer.

Femme bleue/Homme orange

Cette relation sera soit désastreuse, soit fascinante. La femme désire l'extase physique, et l'homme lui donnera certes le plus grand des plaisirs, mais sans renoncer à sa liberté. La nature extravertie de l'homme est initialement très attirante, et la femme adorera son énergie extraordinaire et son mode de vie extravagant. Toutefois, l'homme ne sera pas disposé à se plier aux idées et aux besoins plus modérés de la femme. Cette combinaison est merveilleuse pour une aventure, mais exige beaucoup d'efforts pour quelque chose de plus élaboré.

Femme bleue/Homme jaune

Ils entretiennent apparemment un excellent rapport, car chacun est capable de stimuler le besoin de communication intellectuelle de l'autre. Plus la relation est cérébrale, mieux c'est pour l'homme, mais la femme préférerait plus d'interaction physique et émotionnelle. Tant qu'elle ne se montre pas possessive ou jalouse, leur avenir sera bon. Tant que l'homme adorera vraiment la femme, celle-ci sera loyale et aimera s'amuser.

Femme bleue/Homme rouge

C'est une des associations les plus érotiques. L'homme est ardent, passionné et prêt à faire l'amour à tout moment de la journée ; la femme est décontractée, séduisante, distante et mystérieuse. Il est fasciné par le mystère de la femme, et celle-ci est captivée par la libido de l'homme. Le seul problème possible est qu'elle ne présente pas un défi assez grand pour la nature impulsive et égotiste de l'homme.

Femme bleue/Homme rose

La femme adore l'attitude romantique et calme de l'homme, mais peut désirer ardemment une relation plus interactive que celle qu'il offre en ce moment. Les roses rouges et les dîners romantiques sont très bien, mais elle a besoin de plus, pas uniquement de tendresse. Il se peut que l'homme ne s'approche jamais assez près pour connaître vraiment la femme – elle trouve très difficile de s'ouvrir, et il est si absorbé par son amour qu'il ne désirera même pas qu'elle le fasse.

Ils ont une relation merveilleuse, physiquement excitante. Sensuellement, ils ont un rapport fabuleux et l'imagination de l'homme n'a pas de limites. Elle adore le comportement imprévisible de l'homme et ses humeurs changeantes. L'homme est enchanté par l'éclat décontracté de la femme et son charme mystérieux. La relation devrait survivre plus longtemps que d'autres, simplement parce qu'ils n'auront pas de temps à accorder à une autre personne.

Femme bleue/Homme lavande

Elle peut voir à travers le côté souvent flirt de l'homme et comprendre exactement à quel point il est vulnérable en réalité. Toutefois, il ne voudra pas l'admettre avant d'être certain que la femme est aussi compatissante et remplie d'adoration qu'elle le semble. Un rapport sexuel extraordinaire : l'homme est magique et inventif, la femme sensuelle et chaleureuse.

Femme bleue/Homme turquoise

Il adore la sexualité splendide, mystérieuse et décontractée de la femme. Néanmoins, l'homme risque de présumer trop de la femme, la mettant sur un piédestal. Cela pourrait être le genre de relation que la femme cherche, tant que ses sentiments restent en dehors de l'équation. L'homme aime rire et converser, la femme également, mais seulement si cela mène à quelque chose.

BLEU VERT

Femme bleu vert/Homme bleu vert

C'est une relation aimant les plaisirs, avec peu d'attaches ou d'engagements. Les deux ont besoin de liberté, et tant qu'ils ont une part égale d'espace personnel, peuvent se montrer extrêmement loyaux l'un envers l'autre. Ils profitent des aspects plus légers de la vie et se détendent ainsi ensemble, en sachant que des conflits émotionnels n'apparaîtront pas. Sexuellement, c'est de la dynamite, mais si l'un ou l'autre s'ennuie, ils s'en iront vers quelque chose de plus captivant.

Femme bleu vert/Homme vert intense

C'est une bonne combinaison si la femme a une carrière professionnelle et est ambitieuse, car l'homme adore assurément le succès et la réussite. Elle pourrait trouver l'homme trop sérieux, mais sa sexualité truculente la fait délirer. Le bon sens de l'homme lui dit que la femme a besoin de son espace et il n'interférera pas si elle veut voir d'autres amis. Bien qu'en apparence elle ne soit pas explicitement passionnée, cette relation a certainement le potentiel de réussir à long terme.

Femme bleu vert/Homme orange

Ils forment un couple sensationnel – tous les deux extravertis et pleins d'entrain, mais aussi susceptibles de s'égarer si l'envie les prend. Sexuellement, ils atteignent des sommets vertigineux, et l'amour d'aventure de l'homme emballe la femme. Celle-ci peut parfois se montrer trop sensible à l'attitude quelque peu "amant de toutes les femmes" et "j'aime flirter" de l'homme. Ils resteront probablement ensemble tout simplement parce qu'ils sont aussi têtus l'un que l'autre.

Femme bleu vert/Homme jaune

Elle adore l'approche intellectuelle et désinvolte que l'homme a de la vie. Il trouve la femme de compagnie facile et se détend suffisamment pour se laisser aller à des coups de fil érotiques et s'amuser sexuellement. Tous les deux ont besoin de leur espace et de leur liberté, mais comme ils sont si flous dans leur approche de l'intimité, ils ne savent plus très bien quel est leur degré présent de proximité.

Femme bleu vert/Homme rouge

Il est chaud et elle est froide, donc entre eux s'établit un magnétisme extraordinaire. Sexuellement, ils sont stimulants et créatifs. Il n'est jamais en manque d'énergie et de désir, mais voudrait qu'elle soit parfois plus exigeante ou dominatrice. Le besoin d'espace de la femme laisse supposer que l'homme peut avoir l'impression d'être délaissé, mais s'ils gardent leur sang-froid, cela pourrait se prouver un puissant attrait, qui ne disparaîtra pas.

Femme bleu vert/Homme rose

Tant qu'il reste romantique et spontané, elle l'adorera. Elle veut s'amuser outrancièrement, mais il risque de se montrer incapable de répondre à la façon d'aimer moins émotionnelle de sa partenaire. S'il s'affaiblit, elle pourrait le laisser tomber pour quelqu'un de moins infatué. Elle adore l'idylle, mais déteste voir la faiblesse, car elle sait ce que vulnérable veut dire.

Femme bleu vert/Homme violet

C'est un rêveur ; elle est plus pratique et a besoin d'un partenaire qui puisse partager son enthousiasme pour le sexe et la vie. Il la fascinera d'abord, mais quand elle réalisera qu'il vit dans ses fantasmes et peut se montrer trop sérieux à propos de la vie, elle se retirera vraisemblablement dans son propre espace. Sexuellement, ils partagent un plaisir parfait, mais elle commencera à se sentir piégée dans les bras irrésistibles, mais possessifs, de l'homme.

Femme bleu vert/Homme lavande

La relation pourrait être magique tant que l'homme respecte le besoin d'espace de la femme. Elle aime l'attitude enjouée et facile à vivre de l'homme à l'égard de l'amour. Ils adorent que l'amusement intellectuel et la vie mondaine les maintiennent éveillés et actifs. Sexuellement, l'homme est moins dynamique que la femme l'aimerait, mais s'il continue à la faire rire, ils resteront amis pour la vie.

Femme bleu vert/Homme turquoise

Ils sont très similaires, et en même temps très différents. Ils préfèrent tous les deux une relation facile à vivre et dépourvue de passion, mais elle est un esprit libre, et il est attaché à sa proche quête de la perfection. Ils s'amuseront un moment, mais leurs chemins sont différents et aucun ne sera capable de se sentir longtemps à l'aise dans les bras de l'autre.

Femme bleu vert/Homme bleu

Elle risque de le trouver trop possessif et sensible. Si l'homme dévoile ses sentiments trop tôt, la femme pourrait paniquer. Leur intimité est érotique et viable, mais le monde des émotions est trop lourd pour l'approche désinvolte que la femme a de l'amour. L'homme peut tomber désespérément amoureux de la vie spirituellement libre de la femme, mais ne fera pas le poids devant l'ardeur de celle-ci face au plaisir et à la sophistication sociale.

VERT INTENSE

Femme vert intense/Homme vert intense

En principe, ils forment un couple apparemment parfait. Ils sont pragmatiques, réalistes et extrêmement sensuels. Toutefois, ils sont aussi ambitieux, parfois impitoyables et toujours entêtés. Si leurs modes de vie sont incompatibles ou s'ils vivent dans des cercles différents, ils finiront par suivre des voies divergentes.

Femme vert intense/Homme orange

C'est une relation pratique, qui fonctionne mieux si la femme est ambitieuse et indépendante et s'ils ne vivent pas ensemble, pour que l'homme puisse disposer de l'espace dont il a besoin. Il adore la truculence de la femme et ils s'amusent beaucoup sexuellement. Elle se délecte de l'attitude aimant les plaisirs de l'homme, qui l'éloigne des stress de sa vie très active. Ils entretiendront un bon rapport, tant mental que physique.

Femme vert intense/Homme jaune

Elle adore la nature grégaire de l'homme et est inspirée par son esprit et son charme. Cela pourrait être une relation stable et durable, car ils préfèrent tous les deux l'action et le plaisir aux sentiments profonds et aux batailles d'ego. L'homme est fasciné par l'ambition tenace de la femme et respecte son besoin de pouvoir.

Femme vert intense/Homme rouge

Aucun n'a le temps de se laisser aller à l'émotion, et ils aiment tous les deux le plaisir pour le plaisir. S'ils trouvent le temps d'être ensemble, cela pourrait s'avérer une relation durable fabuleuse. Elle peut satisfaire l'impulsivité sexuelle de l'homme, mais celui-ci risque de trouver difficile de se montrer à la hauteur de l'attitude sérieuse de la femme à l'égard du travail.

Femme vert intense/Homme rose

Elle est fascinée par les sentiments tendres et romantiques de l'homme, mais se sentira piégée si celui-ci est trop docile et accommodant. Elle préfère une bonne discussion à une promenade romantique dans les bois, et il peut tomber éperdument amoureux de la nature indépendante et forte de la femme. La relation peut être difficile, sauf si la femme est ravie de passer pour une déesse aux yeux de l'homme.

Femme vert intense/Homme violet

Il est rempli d'un grand respect pour la nature pragmatique et très motivée de la femme, et elle peut être aussi envoûtée par l'approche mystérieuse et secrète que l'homme a de la vie. Ils sont assez différents mentalement, mais physiquement ils peuvent faire jaillir de grandes ondes de passion et d'amour sensuel, tant que l'homme n'espère pas que la femme montre ses sentiments.

Femme vert intense/Homme lavande

Elle sera flattée par l'attention de l'homme, mais le trouvera probablement trop fantasque, loufoque ou lunatique par rapport à ses propres besoins raffinés. Sexuellement, cela pourrait s'avérer davantage une amitié véritable, drôle, enjouée qu'un amour passionné. Il n'y a pas de magnétisme animal, mais la combinaison est parfaite pour une aventure.

Femme vert intense/Homme turquoise

Un rapport apparemment merveilleux, puisqu'aucun n'aime réellement exprimer ses sentiments ou s'abandonner aux émotions. L'idéalisme de l'homme est le seul problème, car la femme est tellement réaliste qu'il aura du mal à gérer l'idée qu'elle n'est pas une déesse. Toutefois, tant que l'homme apprend à accepter la femme telle qu'elle est, la relation peut s'avérer sensuellement stimulante.

Femme vert intense/Homme bleu

Ils seront probablement fascinés au premier abord par leurs attitudes très différentes envers la vie. La relation est sans aucun doute sexuellement stimulante, mais difficile en tant qu'engagement à long terme. L'homme est trop sensible et a besoin de se sentir totalement engagé, tandis que la femme préférerait rencontrer des gens et faire impression partout où c'est utile.

Femme vert intense/Homme bleu vert

Ils entretiennent d'excellents rapports, tant mentalement que physiquement. Aucun n'aime exhiber ses besoins émotionnels, et tous les deux préfèrent les relations sexuelles plaisantes, sensuelles et érotiques. L'homme donnera à la femme plus de plaisir qu'elle n'en rêve, et elle lui rappellera qu'un bon rire et le sens de l'humour sont les choses qui l'ont incité à tomber amoureux d'elle.

ORANGE

Femme orange/Homme orange

S'ils peuvent respecter leur besoin mutuel de liberté et d'espace, un excellent potentiel existe. C'est probablement la seule combinaison dans laquelle un couple peut développer une relation totalement sans réserve, basée sur la confiance. Tous les deux sont enjoués et aiment flirter, et tant qu'aucun ne montre une trace de bleu dans son aura, ils ne seront ni jaloux ni possessifs. Bien que peu conventionnelle, cette relation peut être durable.

Femme orange/Homme jaune

Au début, ils seront envoûtés par leur esprit et leur humour. Toutefois, la femme a besoin de beaucoup de relations sexuelles extravagantes, et l'homme préfère en parler. Ce sera parfait si l'homme arrive à donner une tournure plus physique à ses pensées érotiques, et si la femme apprend à se délecter autant de l'approche intellectuelle de l'amour et du sexe de l'homme qu'elle profite de son corps leste.

Femme orange/Homme rouge

Sexuellement, c'est de la dynamite – une relation libre et facile, physiquement passionnée et mentalement excitante. Toutefois, la femme a besoin de plus d'espace que l'homme aime en donner d'ordinaire, et ils peuvent ainsi se laisser aller à des jeux passionnés de cache-cache. C'est elle qui se cachera le plus, et il finira par la rechercher tout le temps s'il devient trop possessif et exigeant.

Femme orange/Homme rose

Elle trouvera l'homme irrésistible à leur première rencontre, mais pourrait se fatiguer vite de son numéro de l'amour éternel ou de ses coups de fil à toute heure du jour et de la nuit. Il a besoin de douceur et de chaleur ; elle veut de l'humour et une attitude libre comme l'air.

Femme orange/Homme violet

Il peut être trop sérieux à leur première rencontre, mais elle sera attirée par son regard intense et hypnotique. Les opposés s'attirent manifestement, et un immense jaillissement de désir mutuel apparaît, aboutissant à une relation sexuelle extrêmement satisfaisante. Mentalement, toutefois, il est trop intense pour elle, et elle est trop libre d'esprit et indépendante pour lui.

Femme orange/Homme lavande

Initialement, ils entretiennent un fantastique rapport physique, car tous les deux sont pleins d'entrain, joviaux et aiment flirter. Cependant, l'homme peut commencer à se sentir mal assuré quand la femme demande plus d'espace et de liberté. Celle-ci risque de se sentir piégée par le pressentiment qu'en dessous du charisme vif de l'homme se cachent de sentiments profonds et intenses. À long terme, la relation pourrait s'avérer douloureuse pour tous les deux.

Femme orange/Homme turquoise

L'homme adorera la femme dès qu'il aura posé le regard sur elle. La personnalité vive et extravertie de celle-ci le remplit de désir, et elle aime avec passion le mental et le corps de l'homme. S'il est capable d'accepter l'esprit indépendant de la femme et son approche assez décontractée, il pourrait rester dans son cœur plus longtemps qu'elle l'aurait pensé.

Femme orange/Homme bleu

Il sera attiré par la sexualité variée et parfois contradictoire de la femme. Elle le taquinera et aimera le jeu. Physiquement, ils se trouveront mutuellement irrésistibles et parfaitement grandioses, mais leur mental et leurs besoins émotionnels sont très différents. La relation pourrait s'avérer spectaculaire pendant un moment, mais la femme a besoin de plus d'espace que l'homme est disposé à lui accorder.

Femme orange/Homme bleu vert

Les deux sont adaptables et peuvent régler tout problème simplement en l'oubliant. Ils aiment le sexe pour le sexe et partagent la même attitude envers l'engagement et les implications émotionnelles. Ils pourraient entretenir un rapport durable si chacun est assez fort pour accepter le besoin de l'autre de liberté, d'aventure et d'espace à n'importe quel prix.

Femme orange/Homme vert intense

Le potentiel d'un joli partenariat existe si l'homme est ambitieux et la femme très portée sur la réussite. Ils sont tous les deux confiants, et la femme adore l'approche sensuelle que l'homme a de la sexualité. Il admire la tendance indépendante de la femme et n'essayera pas de la piéger. Elle peut se montrer plus inconstante et plus extravertie que l'homme, mais sera détendue en sa compagnie.

JAUNE

Femme jaune/Homme jaune

La relation est divertissante, mais le danger qu'elle s'effondre est toujours présent. Bien qu'ils soient tous les deux pleins d'entrain, amusants et intellectuellement égaux, ils aiment s'occuper de leurs affaires et risquent de suivre assez rapidement des voies séparées. Ils se disputent à propos de toutes sortes de sujets, mais ne se querellent jamais sur leur relation.

Femme jaune/Homme rouge

Pour commencer, c'est une relation passionnée et inspirante. Toutefois, la femme a besoin d'une approche légère de l'amour physique, tandis que l'homme peut être exigeant et passionné à l'extrême. Elle aime la nature affairée de l'homme, et celui-ci tolère l'agitation de la femme. C'est une relation stimulante, mais probablement de courte durée.

Femme jaune/Homme rose

Accompagnée de dîners aux chandelles, de musique et de vin, c'est une association romantique. Les deux aiment parler, et les conversations seront sexy et drôles. Aucun ne veut devenir trop dépendant de l'autre et cette approche détachée maintient la relation douce et chaleureuse. Néanmoins, la femme risque de s'ennuyer, si le romantisme de l'homme ne se transforme pas en quelque chose de plus stimulant mentalement.

Femme jaune/Homme violet

C'est une de ces relations classiques amour-haine – les deux sont fascinés par leur attitude opposée envers la vie. La femme se sentira frustrée par la discrétion de l'homme, mais adorera l'imagination de celui-ci ; l'homme trouvera insupportable la nature frivole de la femme, mais aimera sa vivacité mentale. Toutefois, ce genre de friction est favorable à une relation sexuellement attirante, qui durera probablement plus longtemps qu'ils l'auraient pensé.

Femme jaune/Homme lavande

Tant que l'homme peut garder ses sentiments pour lui, la relation sera heureuse et drôle. Les deux aiment flirter et profiter d'une vie mondaine riche, donc ils ne s'ennuieront pas mutuellement. Sexuellement, ils s'amuseront bien – ces deux seront davantage de bons compagnons que des amants très intimes.

Femme jaune/Homme turquoise

L'homme a des idéaux très élevés, et la femme correspondra initialement à tous, car elle peut jouer n'importe quel rôle. Les deux préfèrent l'idée de l'amour à son expérience. Ils sont excellents quand ils sortent, mais s'ennuient mutuellement quand ils se retrouvent tout seuls. C'est une relation amicale, sexuellement magique, mais si une crise se déclenche, ils risquent de se séparer, car aucun n'est fait pour gérer les choses pratiques de la vie.

Femme jaune/Homme bleu

La sensibilité de l'homme est en fort contraste avec l'attitude insouciante de la femme. Ils s'amuseront à communiquer, à partager les bons moments et généralement à avoir une aventure, mais leurs besoins sont si différents qu'il leur sera difficile d'entretenir une relation profonde, dont l'homme a besoin et que la femme trouve claustrophobique. C'est bon pour l'amusement, pas tellement pour un engagement à long terme.

Femme jaune/Homme bleu vert

Bien que le couple soit peu conventionnel, ils entretiennent une relation excitante, inspirante et joviale. Leur extravagance sexuelle a une qualité magique, et ils aiment tous les deux bavarder, potiner et s'amuser l'un l'autre. Ils s'ennuient rarement et sont adaptables, ont toujours le pied en l'air. Il adore l'esprit et le charme de la femme, tandis qu'elle est fascinée par l'éclat décontracté et le besoin de liberté de l'homme.

Femme jaune/Homme vert intense

Elle aime la variété, est versatile et charmante en compagnie, l'homme pourrait la trouver irrésistible. Néanmoins, celui-ci préfère les habitudes et une existence réaliste. Ils risquent de se séparer donc, sauf si la femme peut s'adapter suffisamment au courant énergétique de l'homme. Sexuellement, il est plus intéressé par les aspects sexuels de l'amour physique, tandis qu'elle préfère parler de sexe, en le considérant léger et divertissant.

Femme jaune/Homme orange

C'est une relation extrêmement stimulante et sexuellement sincère. Les deux ont besoin d'espace et de liberté, et si l'homme disparaît pendant quelques semaines, la femme ne sera pas alarmée. Il adore l'esprit et la bonne humeur de la femme ; elle aime l'esprit libre et sincère de l'homme. Leur besoin mutuel d'une relation peu conventionnelle, sans attaches émotionnelles, les tient ensemble.

ROUGE

Femme rouge/Homme rouge

Ils ont l'esprit de compétition et sont pleins de vivacité. Leur relation sera comme un brasier ardent et sexuellement dynamique. Ils ont besoin d'exprimer leur passion et auront de brefs éclats de colère. S'ils se disputent, ils finissent souvent dans les bras l'un de l'autre. Ils sont tous les deux ardents et spontanés, mais quand la flamme sera éteinte, ils suivront probablement chacun sa voie paisiblement.

Femme rouge/Homme rose

Elle adore le style amoureux romantique et créatif de l'homme, est passionnée par la sexualité délicate de celui-ci, et s'il aime qu'elle joue un rôle dominant, la femme le fera avec plaisir. Toutefois, elle a besoin d'énergie et d'esprit, et l'homme peut se montrer trop passif et idéaliste pour la soif sexuelle exigeante de la femme.

Femme rouge/Homme violet

Bien qu'ils aient des approches différentes des rapports sexuels, entre eux s'établit une attraction magnétique puissante. C'est une expérience enrichissante, mais la femme n'a pas de prise sur le monde intérieur des sentiments et de l'imagination de l'homme, tandis que celui-ci trouve difficile de comprendre les humeurs et les éclats de passion plus impatients et plus changeants de la femme. Le potentiel pour une relation de longue durée existe, mais celle-ci sera chaotique.

Femme rouge/Homme lavande

Pour commencer, la femme aime la nature drôle et flirteuse de l'homme, mais si elle comprend qu'il est sur la défensive, elle pourrait commencer à se sentir gênée par le côté pauvre en ressources de l'homme. La passion abonde, sexuellement c'est une relation facile à vivre et pleine d'entrain. Quant à un engagement à long terme, ils risquent d'être probablement tentés assez rapidement par d'autres.

Femme rouge/Homme turquoise

Elle le rend fou de désir, et il s'adapte facilement à la nature sexuelle dynamique de la femme. Toutefois, le besoin de tranquillité et d'une relation plus décontractée, moins éclatante, de l'homme le fera se demander rapidement s'il est capable de se montrer à la hauteur du dynamisme de la femme. Celle-ci se délecte de la compagnie de l'homme, mais n'a jamais l'impression qu'il soit assez motivé pour suivre son rythme à elle.

Femme rouge/Homme bleu

Leur rapport est sexuellement attirant, bien qu'ils soient de tempérament si différent. Elle a besoin de rapports sexuels à la demande ; il peut la satisfaire, mais préférerait passer plus de temps dans une harmonie paisible que de tourner en rond dans toutes les réceptions sociales. Ensemble, ils peuvent atteindre le plaisir physique, mais elle déteste sa possessivité et il ne veut pas renoncer à son besoin d'engagement total.

Femme rouge/Homme bleu vert

Aucun n'est possessif et aucun ne désire s'engager, ce qui favorise une relation excellente, dynamique. Néanmoins, l'homme souhaite une amitié intellectuelle, et la femme préfère la communication physique, donner libre cours aux sentiments, à la passion et à l'ardeur sexuelle. Il aime l'intense dynamisme sexuel de la femme, bien que parfois il se sente désespéré !

Femme rouge/Homme vert intense

Ils sont très différents, mais les perspectives sont excellentes s'ils sont tous les deux ambitieux. Il est pratique et réaliste, elle adore la sexualité sensuelle de l'homme. Celui-ci aime la passion de la femme, mais la trouve trop fugueuse et prête à prendre des risques qu'il préférerait éviter. Ils soutiendront probablement de nombreuses batailles verbales, mais peuvent former une association formidable.

Femme rouge/Homme orange

Ils entretiennent un rapport splendide, tant qu'elle ne devient pas jalouse quand il n'est pas aux alentours. Il a besoin de plus de liberté qu'elle, ce qui pourrait provoquer des problèmes, mais leur passion mutuelle est indéniable. S'ils ont les mêmes objectifs et la même approche d'un mode de vie indépendant, la relation sera excitante, bien qu'inhabituelle.

Femme rouge/Homme jaune

Cela pourrait être une association stimulante et pleine d'entrain, mais une fois que le jaillissement initial de passion s'apaise, ils découvriront qu'ils n'ont pas beaucoup de choses en commun. Il a besoin d'exercice mental, elle d'exercice physique. Toutefois, ils ne sont jamais contrariés par leurs différences mutuelles et resteront probablement de bons amis pour la vie.

ROSE

Femme rose/Homme rose

Ils tombent amoureux au premier regard, sans probablement savoir pourquoi – l'idylle suprême. Ils auront les mêmes rêves, partageront les mêmes moments magiques et parleront toute la nuit de leurs futurs projets et plans. Toutefois, la réalité et le côté pratique de la relation risquent de s'avérer leur perte.

Femme rose/Homme violet

Elle adore la façon imaginative de faire l'amour de l'homme, et il est passionné par le côté rêveur et tendrement romantique de la femme. D'une certaine façon, ils peuvent s'abandonner tous les deux à leurs fantaisies les plus extravagantes, et l'homme entretiendra ce monde imaginaire probablement plus que toute autre personne. Les seules choses qui manquent sont l'adaptabilité et le réalisme.

Femme rose/Homme lavande

Ils sont faits pour une liaison créative et inspirante, bien que pas nécessairement durable. Elle ne se rapprochera jamais de lui, et il ne la laissera de toute façon pas faire. En quelque sorte, la vision idéaliste qu'ils ont l'un de l'autre les gardera ensemble. C'est une relation très romantique, mais pas particulièrement attirante sexuellement.

Femme rose/Homme turquoise

Ils auront une aventure belle et idéaliste, dans laquelle ils seront si engoués qu'ils ne pourront pas supporter de se séparer. Aucun n'a beaucoup de dynamisme ou de motivation à propos de l'avenir, ils ne font jamais de projets – ne prennent même pas une décision au sujet du film qu'ils voudraient voir. Tendres et pleins d'humour, ils resteront probablement ensemble s'il ne découvre pas qu'elle a des défauts.

Femme rose/Homme bleu

L'homme est extrêmement sensible à la tendresse douce et romantique de la femme, mais lui seul sait s'il peut vraiment faire part de ses sentiments. Elle peut écouter avec empressement, mais elle veut entendre des paroles romantiques, pas l'histoire des conflits émotionnels de l'homme. Il a besoin de se sentir proche et intime ; elle a juste besoin de tomber amoureuse de l'amour.

Femme rose/Homme bleu vert

Ils ont un rapport sexuellement attirant, mais qui ne durera pas longtemps, sauf si elle lui laisse l'espace pour vagabonder. Le style sexuel de l'homme est plus extravagant que celui de la femme, plus inégal aussi – elle risque de se sentir frustrée quand il ne se montre pas à ce rendez-vous spécial. Ils ont des besoins différents, donc cette combinaison peut s'avérer excellente pour une aventure, mais l'engagement romantique n'est pas dans la nature de l'homme.

Femme rose/Homme vert intense

Elle le fait se sentir comme un prince charmant, et il la fait se sentir comme une princesse. Ils entretiennent un rapport sensuel plein de passion. Elle adore l'approche réaliste de l'homme, et celui-ci est envoûté par la tendresse presque sans limites de la femme. S'ils peuvent vraiment profiter de l'équilibre de telles énergies opposées, la relation sera durable et paisible.

Femme rose/Homme orange

En plus d'une incompatibilité des couleurs il y a là un conflit des motivations. Il est extraverti, sociable, et veut s'amuser sexuellement ; elle veut s'engager dans un couple et passer toutes les nuits seule avec lui. Ils peuvent entretenir un échange sexy d'énergies très différentes pendant un moment, mais la relation ne durera probablement pas, sauf si la femme a une bande orange dans son aura.

Femme rose/Homme jaune

C'est une relation apparemment enjouée et harmonieuse, aucun d'entre eux n'est troublé ou trop attaché par l'intensité émotionnelle. Toutefois, il peut se montrer trop blagueur et drôle pour elle, et elle trop sérieuse et douce pour lui. Il a besoin de défi, elle a besoin de camaraderie. Ce n'est pas une combinaison facile, mais ils peuvent entretenir une liaison affectueuse pendant un moment.

Femme rose/Homme rouge

Cela pourrait marcher si l'homme est prêt à inscrire l'idylle en haut de sa liste de priorités. Il peut se montrer trop impulsif, mais la femme trouvera que la passion de l'homme l'amuse de façon romantique. Cependant, elle sera probablement incapable de se montrer à la hauteur des humeurs spontanées et exagérées de l'homme, indifféremment combien elle pense l'aimer.

INDEX

CRÉDITS DES PHOTOGRAPHIES